いつも初心

酒井雄哉

天台宗 大阿闍梨

PHP

いつも初心

プロローグ

ひとつの道を進もう
～一歩踏み出して、決めたことをやり続ける

失敗を繰り返しながら続けていく

一歩踏み出すためにどうしたらいいかって？　どうしようかと思うこと自体がおかしいんだよ。やりたいことがあるならやればいい。行動するかしないかの問題なんだ。

朝、目が覚めたとき、さっさと起きて顔を洗えばいいのに「寒いなあ、あと五分だけ」なんてずるずるしてるのと同じなんだよ。目が覚めたら、さっさと動く。「失敗したらどうしよう」なんて、やる気がないからそういうことを考えるんだ。最初からうまくいくわけがないんだよ。失敗を繰り返しながら続けていくものなんだから。「後悔しないために」じゃなくて、自分がこれだと思って積み重ねたこと

に、無駄はひとつもない。

今の人たちは利口すぎるんだよな。子どものときから一生懸命勉強をして、頭の中が知識で満タンになってる。問題は、なんのために勉強するのかってことだよ。勉強したことを世の中のために役立てることを考えればいい。だけど今は自分がエリートになることばっかり考えて、親もそう躾《しつ》けるからいけない。

簡単なことなんだよ。「失敗したら」とか「あっちのほうが得じゃないか?」とかよけいなことを考えず、今、目の前にあることを一生懸命やるという気持ちだけを持っていればいい。そしてひとつ道を見つけたら、生涯それで生きていくと決める。間にはいろいろなことがあるよ。でも腹を括《くく》っていれば動揺したり迷ったりすることはない。

今までこれだというものを見つけられなかった人は、今からでも「これをやろう」と決めて進んでいけばいい。大事なのは年齢じゃなくて、決めたことをやり続けること。途中でやめちゃうから、いつまでたってもふらふらするんだよ。そんな人は小さいときから同じことを繰り返してるんだよな。

生きる「知恵」を身につける

僕なんか、仏教というひとつの道を進み出したのは四十歳だった。その時、十年後、二十年後の自分のことなんて考えもしなかった。未来の自分が偉くなろうがなるまいが、お坊さんとして生きていく人生をずっとやっていけばいいんだと思ったんだよ。

そうすると、一年も経てば修行も楽しくなっちゃう。その時々にはちょっときついなということもあるけど、三日も経てばなんともない。そんな僕を見て、いろんなことを言う人がいたかもしれないけど、他人の会話なんて聞き流して知らん顔してればいいんだよ。

人の言葉が気になるっていうのは、よく思われたいという気持ちが強すぎるんだな。僕に言わせれば、人生に余裕がありすぎるんだよ。苦しい苦しいと言ってたって、お腹が空けばどうにかご飯を食べたりできるじゃない。それで一日一日過ぎちゃって、気がついたら四十歳、五十歳だよ（笑）。

知識と知恵は違うんだよ。外にあるものを取り込むのは知識だけど、知恵は自分の経験から生まれてくるもの。勉強しすぎた人は知識で頭が満杯になっちゃって、知恵を引っ張り出すことができないんだな。

たとえば、僕は毎日、自分が住んでいる比叡山の麓を歩いている。ここでは三月の末でも残雪があったり吹雪が舞ったりするんだ。でもやがて桜の枝につぼみが出てきて、そのうち桜がひとつ咲き、ふたつ咲く。何日か経てば満開になって「きれいだなあ」と思ってるうちに散っていく。毎日そういう移り変わりを見ながら歩いてるんだ。

だから「桜は今年も一生懸命咲いたけど、散るときは散っていっちゃうんだな」ということも、「だけど、桜の木は毎年どんどん大きくなっていくなあ。枯れているように見える冬の間も精一杯生きてるんだなあ」ということもわかる。そして

「人生も同じことかなあ」と、そこで知恵が出てくるんだよ。

本を読めば読むほど知識はふくらんでくるけど、そのうちどれだけを活用できるかといえば、下手したらまったく活用できない。情報が多すぎるからね。ところが自然は何も言わなくても、いろいろなことを教えてくれる。本を読まなくても、自然を見ていればわかることがたくさんあるんだよ。そういうことを取り込むためには、頭の中を適度にからっぽにしておかなきゃいけない。僕みたいに勉強せずにウロウロしてたら空間がいっぱいあるからね、ガラガラと開けたら何か出てくる（笑）。

人間、死ぬときが勝負

一番いいのは歩くこと。何も考えずに歩いていたら、つまずいたり落ち葉を見たりした瞬間に「あっ」と思うことがある。いろんなヒントを得られるから、メモの準備をしておいて、しょっちゅうメモをとるんだ。今なら携帯に録音もできる。大事なのはひらめいたことをすぐに記録しておくことだ。「あとで」なんて思ってると必ず忘れちゃって、もう思い出せない。

そして、いったんこれだと決めたら、さぼりたいとかやめたいとか思うのはやめること。人間には表と裏がある。表のほうに善の心、裏には悪い心があって、悪い心が表のほうへ出てこようとするときがある。そんなときは「ちょっと待て。今、自分はみんなのためにがんばってるんだ。悪い話はここが終わって余裕ができたら聞くから、ちょっと待っていてくれ」と自分のなかで会話すればいいんだよ。外に出たときは自分のことだけじゃなく、社会のためにふるまいましょうという意志を持つ。自分のことは家に帰ってから考える。儲けたいとかみんなに認めてもらいたいとかいう欲は、信念が定まればなくなっていくもんだ。

人間、死ぬときが勝負なんだよ。息を引き取るとき、「人生で何をやってきましたか」ということなんだ。これだというものをやり遂げたという人はニコーッと笑って死ぬし、不足のある人は未練を残して死んでいく。みんないつかは死ぬことになっているんだから、今息を引き取っても満足できるような行いをしていこうよ。

※本書はＰＨＰ研究所より刊行された『ムダなことなどひとつもない』（二〇一一年十二月）、『今できることをやればいい』（二〇一二年九月）、『がんばらなくていいんだよ』（二〇一三年三月）、『「今」を大切にする生き方〈ＣＤブックレット〉』（二〇一一年四月）から抜粋し、「月刊ＰＨＰ」特集記事（二〇一一年一月号、二〇一三年四月号）を加え、大幅再編集したものです。

※選り抜きのため、内容に一部重複した記述がございます。

いつも初心　目次

第1章 体を使って実践する
——知識を学ぶことと実践することの両立

第2章　「賢バカ」にならない——継続は力なり

第3章　「自分の道」を見つける

――揺るぎない自信を持つ

第4章

自然にそった生き方
——自然の原理原則に逆らわない

第5章

悩みとの向き合い方

――今の自分にできることを見つける

第6章 がんばらないくらいがちょうどいい
――ユーモアや遊び心を養う

第7章

出会いを生かして

――年配者・経験者の言葉に学ぶ

第1章

体を使って実践する

——知識を学ぶことと実践することの両立

あれこれ考える前に、とにかくやってみる

お坊さんになるきっかけは人それぞれだけど、普通だったら仏教が好きで、いろんな勉強をしてるうちにお坊さんになったり、生まれながらお寺の子どもで、親父さんが一生懸命お勤めしてたり、法事をしたりするのを見てるうちに、お坊さんになったりすることが多い。

だけど、僕の場合は、たまたまタイミングよくお坊さんのところで縁がつながって、仏教とか、仏教用語のことを知らないうちに、いつの間にかお坊さんになっちゃった。

だから、歳とってお坊さんになって、二回も回峯行《かいほうぎょう》をやったというのも、ものす

ごく菩提心《ぼだい》（さとりを求める心）があるからとか、世の中のためにやりましょうと気負ってしたのとは全然違うの。「これをやんなきゃいけない」ということはなかったんだ。

でも、お坊さんの世界に入ったときは、「これを逃しちゃったら二度とチャンスがないんじゃないかな」と思ってた。なんでもよかったんだよ。お坊さんであろうが、なんであろうが、自分がこれからやっていく何かに出会っていたら、ほかのことをやってたかもしれない。

生まれてからお坊さんの世界に入るまで、失敗したり、成功したり、また失敗したりと、ぐずぐず葛藤しながらやってるうちに、四十歳近くになっちゃって、気がついてみたらなんにもないんだ。老後とかそんなことだって考える余裕も何もない。「老後はどうするの？」と聞かれたって、「さてな……」という感じで。「死ぬときは死ぬよりしょうがないんじゃないの？」なんていう感覚だったんだよね。当時はなんとか生活はできていたんだけど、つかみどころがなかった。

三十代半ば頃から比叡山にちょいちょい行っていて、三十七歳のときに、僕のお師匠さんと出会ったんだ。そうこうしているうちにお師匠さんが、「実は七年前からあんたのことを見てるけど、これからどうするんだ？　山へ来ただけで、何も得てないのとちがう？」と言われたんだ。そのとき僕は、「確かにそうだな……」と思って、お坊さんにしてもらうように、お師匠さんにお願いしたんだ。

お師匠さんは、僕が七年も比叡山へ通っていたから、天台宗の基礎的なことは知ってると思ってたんだ。だから、「おまえ、このお山を開いた人が誰だか知ってるのかい？」と僕に聞いた。でも、わからないんだよ。それからお師匠さんは、僕にいくつか質問をしたんだけど、僕の答えがチンプンカンプンだったから、「これはえらいことになったな」と思ったみたいなんだ。

だから、叡山学院へ入って、そこでお坊さんになるためのいろいろな勉強をさせてもらったんだ。勉強嫌いだからどうしようもないんだけども、先生がいい先生だったからいろんなことを教えてくれてね。

僕のいたお寺が、今の子どもが塾へ通うのと同じ感じで、昔でいう、寺子屋のようなものだったんだ。ちょうど僕のお師匠さんが学者だったから、いろんな会話をしながら、一生懸命説明してくれた。そのおかげで、だんだん学校の勉強に慣れていった。今考えても、贅沢《ぜいたく》な教育だったな。

だから、学問のことも仏教のことも何も知らず、勉強大嫌いだったのが、いつの間にか、試験を受けてもなんとかなるくらいになっちゃったんだ。

それまで勉強していなかったから、頭の中はからっぽで、空気がいっぱい入ってるから知識も何もないじゃない。それがある意味、すごく良かった。知識がないから、聞いたことがみんなそのまんま蓄積されちゃうの。「こういうふうにしなさい」と言われると、いいんだか悪いんだかわからないけど、とにかく一生懸命やるんだよ。

普通だったら、頭の中でいろいろと計算して、「これはおかしいよ」とか、「それはダメだよ」とか、「そんなことできるか！」と思って抵抗するじゃない。でも、計算する道理がないんだ。言われたらそのまんまするもんだと思っちゃう。そのぐらい頭の中が単純だったから、スムーズにすっとお坊さんの中に入っていけたんだな。

だからその後も、ずるずるといっちゃったの。頭がからっぽじゃなかったら、行《ぎょう》もしなかったかもしれない。お坊さんになったとしても、行のところまでいかなかったかもわからないな。

だから、「なぜ、行に入ったんですか？　どうしてそんな大変な行を二回もやったんですか」と、みんなに聞かれるんだけど、理由がないから答えようがない。自然の流れにそって、行を始めたってやつだろうな。

頭の中をからっぽにして、何かを始めてみよう

学ぶことと実践すること、どちらも大事

今、自分が恥ずかしいなあと思うのは、若いときになぜもっと勉強しなかったのかということ。やっぱり若い頃に学んだ知識が最高のもんなんですよ。学ぶときは一生懸命ちゃんと学ばなきゃダメだなあと。

たとえば、今でもいろんな取材がある。ところが、質問されて答えようと思っても、頭でわかってるんだけどそれを表現する言葉がわからない。「こういう表現すればいいんじゃないの」と相手さんは思ってるのに、こっちは言葉を探して、なんかもたもたしている。ただ都合のいいことに、僕は歳をとってるから、「お歳を召しているから言葉を忘れたのかなあ」というふうにとってくれる。だからやってら

れるけど、若かったら恥ずかしくてやってられないね。

だから、若いときにはうんと勉強して知識を開いて、その中から自分に合うようなものを見つけて、実践、実行していく。やっぱり人生、知識を学ぶことと実践することを両立しないとダメだってことだよ。

お坊さんになってからは、学んだものを実践する力のほうがだんだん先になってきてるけど、きっと仏様は、「こいつは子どものときから真正面から勉強させたってわからないから、最初から中途半端な勉強はさせないでゼロにしておいて、こういうことがあった、こういうことがあったと、だんだんいろんなことを体で覚えさせながら、知恵というものを身につけさせよう」としたんだと思うよ。一度体で覚えたこと、知恵というのは忘れない。どんなときでもできるんだよね。

学問は、知識は増えるけども、じゃあ一万冊、二万冊読んだからといって全部活用できない。ある時は忘れてる。体で覚えたものは、「あの本に書いてあったのはなんだっけ」と探すこともない。でも、知識も実践して身につけた知恵も両方ともも必要なんだよ。

実践して体で覚えた知恵は、
絶対に忘れないものだよ

呼吸と体と心のバランスが大事

お堂の中で常行三昧《じょうぎょうざんまい》（九十日間、堂に籠もり、念仏を唱え、阿弥陀仏の周りを回り、一日二十時間以上歩き続ける過酷な行）をやらせてもらって知ったことは、常行三昧とはどのようなものであるかは本に書かれているので知っていたけど、実際にやってみてはじめてわかることがあるということだよね。

常行三昧を始めて二日目で足がむくんで身動きがとれなくなった。ずっと立ち詰めだから血が全部下に下がり、脚気《かっけ》のようにむくんでしまって動けない。これは大変なことになった。九十日もやらないといけないのに二日目でこんなんだったら、もうダメだなあと。お寺を逃げ出そうかとか、自分で責任を取らないといけないとか、いろんなことを思いながら、しばらくじぃーっと静かにしていた。

その時、ふうっと思い出した。そういえばうちのお師匠さんが歩行禅のこと言っていたなあと。もうこうなったら、できてもできなくても、お師匠さんの言っていたとおりにやってみよう。それでダメだったら、逃げ出すよりしょうがないなあと思って、とにかく動き出した。

お師匠さんが言ってたように、息を吸って吐いて右、左、右、左と呼吸に意識を集中していたら、だんだん気分が落ち着いて体も少しずつ動くようになってきた。そして、体が動くようになってくると、かすれて出なかった声がだんだん出るようになり、普通に発声できるようになってきてね。自分の唱える念仏を聞きながら陶酔したような、無心になるっていうかそんな感覚になって、どんどん歩けるようになり、満行することができた。

結局、呼吸と体と心がひとつになって、はじめて物事は成就できる。人間の行動にはこの三つが必要で、そのバランスが崩れたらダメになる。

呼吸して体を動かす（身）ことによって、声、言葉が出る（口）、そして心の中に清浄な気持ち（意）を持つ（仏様を描くとか）——本に書いてあった「身口意三業相応《しんくいさんごうそうおう》」というのは、このことを言っているんだ。簡単なことがなんでわからなかったのかなあと。実際やってみて、自分自身で感じて、味わってみて、はじめて〝知った〟ということになるのやなあと思った。

行き詰まったら、まずはゆったり呼吸して体を動かそう

眠くても体を動かしてしまうといい

誰だって一度くらいは、朝起きるときに、「眠いな」「まだ寝ていたいな」と思うときがあると思う。特に真冬の寒いときや、たくさん勉強や仕事をして疲れているときは、布団の中で、もぞもぞウトウトしていると、ハッと気がついたら一時間くらい経っていたりするよね。

でも、そういうときは、眠くても、寒くても、ともかく起きてしまうんだ。目が覚めた瞬間に、「眠いな」「しんどいな」と思うと、よけいに起きられなくなるから、まずは体を動かしてしまうといい。

体を動かして起き上がれば、仮に、最初はボーッとしていても、五分か十分経つと意識が正常になって、しばらくしたら、「あっ、いつのまにか目が覚めていた」と気がつくよ。

そうは言っても、目が覚めたあと、しばらくしたらウトウトしてきて、そのまま横向きにひっくりかえると、また眠くなってくることもある。それでも、十分か十五分すると、パッとまた目が開く。一度起きているから、不思議とまた起きられるんだ。

だから、眠くても最初にパッと起き上がることだ。そうすると、不思議と起きられるものだよ。昼寝から起きたときも同じで、「ああ、もうちょっと寝たいなあ」と思うと、眠気がどんどんやってくる。ところが目が開いたときに、「さあ、せっかく目が覚めたんだから、勉強や仕事の続きをやろうかな」と考えて起き上がり、集中して続きをやり出せば、気づいたときには何時間も経っていた、なんてことがあるんだ。

前の項目で「身」(体)・「口」・「意」(心)の話をしたけど、「口」や「意」ではなくて、「身」を中心にしてみると、つらくてできないかな？と思うことでも、できてしまうこともあるんだ。

そういうわけで、体を使った実践が大事なんだな。

「身」を先に動かして、「口」と「意」を引っ張っていけばいい。すると「頭」も目覚めて活動しやすくなるよ。

それでも起きられないときは、少しオーバーかもしれないけれど、「自分はこの世に何しに来たのか」と考えるといいかもしれないな。

僕の場合は、仏様との約束で、やり遂げなければならないことがいっぱいあると思ってるから、つらくても起きられる。起き上がって何かをやり出すと、食事をとることも忘れてしまう。食事をしないでも、食べたつもりになってしまうんだ。

だから、朝なかなか起きられなくて困っている人は、目覚めた瞬間に、「自分は、何かのお役に立つために、この世にやってきた。こうして目が覚めたということは、今日も天から生かされているんだから、一日、ちょっとがんばってみよう」

と思うと、起きられるかもしれないよ。

天から生かされている命を、
最大限活用してみないかい？

集中力が高まると、物事はうまく進む

誰しも、趣味に没頭したり、一生懸命勉強や仕事をしたりと、物事に集中していたら、いつのまにか何時間も過ぎていた、ということがあると思うんだ。僕なんかでも、集中すると、あっという間に時間が過ぎていることがある。

時々、「信者さんに色紙を渡すから書いておいて下さい」と頼まれるんだけど、他の仕事で忙しくしているうちに、日にちが経ってしまうんだ。そうして、締め切りの日に、「できてるかな？」と聞かれてはじめて、「あっ、そうだ。大変だ。まだだった」と、書いていなかったことに気づいて、それから色紙を書き始めるんだ。

すると、自分ではわからないけど、夢中になって一生懸命にやっているんだろうね。一〇〇枚の色紙に、筆で書を書いて、判子を押して全部完成させるのに、短時間で終わってしまうんだ。時々、書き終える頃に、「だいぶ時間が経ったのかな?」と思うこともあるけど、一〇〇枚書いたのに三時間しか経っていなくて、自分でもビックリするんだ。

集中しているときは、「次に何を書こう」なんてよけいなことを考えないから、スススッと書いて、動作がもたつかない。筆を持ったら、体が自動的に動いて、サッサ、サッサと次々とできてしまう。だから、どれくらい時間がかかるかなんて、全然関係ないし、集中するとあっという間にできてしまうんだ。

普通の感覚だったら、筆で字を書くのは、けっこう時間がかかると思うし、「大変だなあ」と思うんだけど、集中力が高まっているときは、どんどんこなしていける。

そういうときは、心が穏やかで静かな「無心」の状態になっている。

体は動いているんだけど、心は静まっている、いわば「動中の静」——「身」

「口」「意」のバランスが良くなって、集中力が高まっている——という状態なんだな。不思議だけど、頭を使ってあれこれ考えなくても、無心の状態になれば、物事がはかどることはあるんだよ。

よけいなことは考えず、作業に没頭すれば、あっという間に片づくよ

良い環境に身を置き、良い友達とつきあう

自分が住んでいる環境や、周りにいる人によって、人生はどうにでもなることがあるんだよ。実際、僕はお山に来る前、人生の大局的な目標を見つけようなんて思いもしなかった。周りにいる人たちは、みんな同じようなペースで生活しているし、大勢でしゃべっていると楽しいから、そこから抜けようとも思わなかったんだよ。

だから、自分の道が見えている人も、自分の道や好きなことがわからない人も、良い人たちとつきあうことが大切だよ。知識の豊富な人、正直な人、誠実な人、努力する人、指導してくれる人を友達に持って、口の上手な人、安請け合いする人、

約束を守らない人とはつきあわないことだ。

そうはいっても、大勢で集まって、みんなと会っておしゃべりするのは楽しいし、たとえ昨日と同じことをしゃべっていても、それがまた楽しいと思うのが人情だから、自分のやりたいことを見つけて、それを強い気持ちでやっていくのは、なかなか難しいよね。

たとえば、学校で女の子同士でいるときに、みんなでいると話がはずむよね。いつもたわいのない話をしているだけだから、毎日毎日集まって話すこともないとわかっているんだけど、みんなでウワーッと盛り上がってしまうと、コーヒー飲みに行きましょう、お茶飲みに行きましょうと誰かが言い出して、みんなでパッと行ってしまうんだ。

個人的には家へ帰ってあれをしたいとか、友達のところに本を借りに行こうかな、なんて思っているんだけど、みんなで話していると楽しいから、そっちの集まりへ行ってしまうんだよね。おしゃべりに夢中になっているときは、自分のやりたいことをすっかり忘れているんだけど、ワアワア騒いで帰ってきてから、「ああ、しまった。あれをやろうと思っていたんだった」なんて思うんだ。

それに、喫茶店でひとりポツンとしていると、コーヒーはおいしくもないし、本当につまんないんだよね。なんでこんなところにいるんだろう、なんて思って、慌てて家へ帰ってしまったりするんだよ。ところが、大勢でいると、嬉しくて嬉しくて帰りたくなくなるし、今度はだんだんとやみつきになってしまうんだ。そういうことが、人間の世界にはあるんだよね。

目の前の楽しさや周りの人たちに流されないためには、自分のやりたいことや目標を、いつもしっかりつかんでおくことだよ。たとえば、今日はどんなことがあってもこのレポートを書くには本が必要だから、みんなと一緒に行きたいけど、時間や場所によっては離れるよりしょうがないなと自分で決めておくんだ。

本当にやりたいことがあったり、自分の進む道が見えているのなら、それをしっかり見据えて行動していくことだ。みんなが集まっているのを見てしまうと、一緒に行きたくなって、ついついみんなについていってしまうから、なるべく見ないようにして、ダーッと自分の目的へ向かっていくことが大切だよ。

ただ、遊びたい心を無理矢理押さえつけて我慢をしすぎると、心の中で遊びたい心とがんばりたい心がせめぎあって、大きくぶつかりあってしまうんだ。そうすると、がんばりたい心と遊びたい心がバタバタバタバタ入れ替わるから、そのたびにバラバラな行い方をするし、うまくいかない自分をもう片方の自分がじーっと見ていて、自分を責めるようなことを言ったり、揚げ足を取ったりする。

遊ぶことを一切我慢した結果、うまくいかなくなったり、失敗したり、イライラするくらいなら、上手に気分転換をして心の調和を保ったほうがずっといいんだよ。

何事もひとつのことを長く継続していくためには、「身」「口」「意」の三つがすべて一致している必要があるんだ。「身」は体、「口」は発言、「意」は意志や意図のことで、自分がなんのためにやるのかを腹で理解し、これをやろうと心で思い、それを口に出したり実行に移したりしていくことが大切なんだよ。

三つのうちどこかのバランスが崩れていると、物事はうまくいかないんだ。友達同士のグループでも、職場でも、家庭でも、国家でも、調和が崩れている状態で、リーダーが何かを一生懸命訴えても、みんな言うことを聞かないし、そっぽを向いてしまうよね。気持ちがひとつになってはじめて、「じゃあやりましょう」となるんだから。

自分の心の中で相反する声がせめぎあっているのなら、両方の言い分を聞いてあげて、調和をとりもってあげればいいんだよ。そうすれば、案外スムーズに物事は進んでいくんじゃないかと思うよ。

その場の楽しさだけに流されないようにしよう

食らいつく気持ちが人を成長させる

やっぱり人間は環境に左右されてくるんだな。だから、自分からいい環境を求めていかなきゃいけないよね。僕が一番最初、お師匠さんと会ったとき、「おまえ、落第だ。お坊さんにはなれねえよ」って言われたんだ。だけども、飽きもしないで、お師匠さんのとこへ行ったり来たりしてるうちに、とうとう押しかけ小僧のような形でダーッとお坊さんの世界に入って、行をやるようになったんだ。だから、やっぱり自分で突っ込んでいくことが大切なんだな。

お師匠さんに怒られたときも、「俺は落第生か。そうか……」と言って落第生になっちゃったらダメなんだよね。「落第だから来るな」と言われても、のこのこ行くんだ。僕のお師匠さんは、「おめえみたいなのは、箸にも棒にもかからない。豆腐だ。糠《ぬか》に釘打ってるようなつかみどころのないやつで、何考えてるんだ！」なんて、一杯飲みながらよく怒ってたんだけど、僕は、「怒るなら飲まなくたっていいのになあ。都合のいい親父だな」と思いながら、怒られてたんだな。

自分が「この世界で生きよう」と思って、そのことだったらこの人に聞かなきゃわからない、という師匠を見つけたら、追い返されようが何されようが、そこにずっとへばりついて動かないという気持ちが大事なんだな。

昔の人は、「あの先生は素晴らしい」と思ったら、千里でも二千里でも遠くから訪ねていって、いろんなことを習ったんだよな。そういうふうに、何か目標があって、師匠を見つけたら、ずっと食らいついていくぐらいの根性がないとダメなんだ。そうやって、いい環境を求めていけば、素晴らしいものが与えられるからね。

どろどろに汚れた友禅だって、川にポンと置いたら水にさらされて、泥がいつの間にか消えちゃってきれいになる。それと同じで、人間も、清流の流れの中にじっとしていたら、いつの間にか清い状態になってくる。そういう、自然の原理やリズム中心に物を考えたら、うまくいくんとちがうかな。

いい環境を求めるなら、自分から突っ込んでいかなきゃいけないよ

縁があれば続いていく

中国地方巡礼※註で鳥取へ行ったときは、砂丘の近くも歩いたな。ご縁というのはおもしろいもので、砂丘の近くを歩いていたときには、「ここら辺に砂丘があるんだな」なんて言って、ダーッと通り過ぎてしまった。だけど、しばらくしたら、今度は巡礼と関係なく、砂丘の近くで講演を頼まれ、ふたたび鳥取に行くことになった。

講演が終わったあと、講演会の主催者から「砂丘へ行ったことがありますか」と聞かれ、「砂丘なぁ……、話は聞いてたけど」と言ったんだ。そしたら、「じゃ、行きましょうか」と砂丘まで連れていってくれた。それで、砂丘を越えて海辺の近くまで来て、ひろーい海を眺めていたら、「巡礼をしてて見損なったところを、仏様が僕を呼ぶようにして、もういっぺんゆっくり見せてやるわって、また連れてきてくれたんじゃないかな……」と思ったんだ。

砂丘では、馬に乗っかって（編集部注：一九九四年当時。現在はラクダか馬車に乗れる）、ぽこぽこ、ぽこぽこ走ってみたり、歩いていけるところまでずっと行ってみたりした。「砂丘というから何もないのかな」と思っていたら、草なんかがけっこう生えてるところもあったんだ。そうやって、砂丘のいろんなところをずっと見学させてもらったんだ。

案内してくれた人が、「この頃、ここを訪ねる人も昔より少なくなりましてな」という話をしていたのを聞いて、「地域の活性化ということに対して、やっぱり地域、地域で心配してるんだなあ」と思ったね。活性化の一環として、「新しい企画をしたいな」という思いから、僕に声がかかったんだけど、そうやって思いがけないところから声がかかるって、嬉しいよね。

巡礼をしているときは、スケジュールに従って、決まったコースをずっと歩いていかなきゃならないし、細かいところを見ている余裕がないから、トットットットッと時間通りに動いて拝んでいく。史跡があっても、「ああ、こんなところにこんな史跡があるんだなあ。いつか時間ができたら、名所旧跡めぐりをしたいなあ」なんて思いながら、未練たらしくチャッチャッチャッチャッと歩いていくんだ。

そうして巡礼が終わって、お寺へ帰ってきて、ほかの頼まれ事をやっていると、「また暇があったら行きたいなあ」と、ふと思い出す。その時に、たまたま別の仕事で声がかかってくるんだ。そうやって、仕事が終わったあと、行けなかった場所へ行ってみると、「ああ、こんなになってるんだなあ」って新しい発見があるんだよね。

だから、巡礼が終わったあとでも、まだ続きがあるんだ。それはきっと、縁なんだろうな。仏様が「もういっぺん、見にこいよ」と教えてくれたのかもわからない。

そんなふうにいろんなところを、のこのこ、のこのこ歩いているから、それこそ、僕に行じゃなくって文章を上手に書く才能があったら、メモ帳を持ちながらちゃっちゃか、ちゃっちゃか、その折々のことを書いて、『奥の細道』じゃないけど、たくさんの小説ができちゃったかもわからないなあ。

行動していれば、思いがけないところから声がかかるよ

※註 中国地方巡礼(一九九四年六月十六日〜七月二日)
山口県の大恩寺を出発し、慈覚《じかく》大師が京都から唐へ渡ったときに歩いた旧跡を巡礼。山陰吉備路の六六カ所で寺を巡拝。歩行距離は十七日間で、約六八〇キロメートル。

こつこつ実践していく

第2章

「賢バカ」にならない

――継続は力なり

「一期一会」の思いで、今を大切にし続ける

現実の世界はピューピューッと猛スピードで進んでいるけど、心の世界はゆっくりしてるから、心は心で現実世界のスピードに巻き込まれないようにするんだ。

それには、自然の法則をよく見極めて、いつも心に留めておくことが必要なんだ。世の中にあるものは、完成したらいつか必ず崩れるし、一生懸命がんばってがんばって、がんばり通して頂点に達したら、今度は下にずーっと下がってから、また上へ上がっていく……。

こんなふうに、世の中はぐるーっと回っているんだから、今ダメだからといって諦めずに、ダメなりに生きていけばいいんだ。そうしていれば、必ずいつの間にか

生活が成り立つときが来るし、つらいときでも自然の法則を思い出せば、悲観的になって思い悩むことがなくなるよ。

生きるっていうのは、なりふり構っていられないものなんだ。自分を信じて、自分たちの道を自らの手で切り拓いていこうっていう意志があれば、きっと新しい道ができると思うんだ。ジタバタしたってしょうがないけど、自分たちのこれまでの経験を生かして、できることを、少しずつやってみるんだ。

戦後、闇市から復興したのを参考にして、自分たちで育てた農産物を並べて、同じ土地の人が必要なものを買える朝市をやって、自分たちの地域を豊かにしていくことから出発してもいいよね。

最初はちまちまとした商売だとしても、一日の食事もお腹一杯食べないで、自分が生きて仕事ができるだけの量を食べて、毎日コツコツコツコツやっていけば、お金だって貯まるし、きっと何かをつかむことができるんじゃないかな。

そして、「子どもや子孫のためにがんばるんだ」「国のためにがんばるんだ」という気持ちで、まずは自分たちの足固めをしていけば、町が良くなり、地域が良くなり、県が良くなり……と日本全体に広がっていって、新たな国力がついていくと思うよ。

後悔しないで生きるためには、今日の自分は今日でおしまいだし、今以外に何もないんだから、一期一会という思いで生きる以外ないよな。だけど、普段の生活が穏やかでのんびりしてると、平和ボケして何も考えないし、感謝の気持ちも湧いてこなくなる。そうして、いざという時にパニックになるんだ。

あとで「こうしておけばよかったな」と思っても、その瞬間は消えてなくなっちゃってるし、今元気でも、先はどうなるかわからないんだからね。いつ何が起きても、それはどうしようもないよな。

普段から腹を決めて、その時その時を大切にしていれば、何があってもデーンと構えていられる生き方が自然と身につくから、予期せぬ事態が起こっても、心が大きく崩れることがないんだ。どんなことがあっても、「来るものが来たな。あとはがんばるよりしょうがない」と思うと、あまり慌てることもなく、正しい道を選びやすいと思うよね。

それから、「いつかやろう」「いつか始めよう」と思っても、そのいつかは永遠に来ないんだから、今思いついたことはすぐにやらないとな。

まだ時間があるからってダラダラしてると、時間はどんどん過ぎていっちゃう。今目の前にある世界はあっという間に過ぎていくんだから、今を大切にしたほうが幸せだよ。

たとえば誰かと旅行に行って、「いい景色ですね」と言いながらも、心の中で過去や未来のことを考えていたら、景色なんてちっとも目に入ってこないし、感動する機会も失っちゃうんだからね。良いときも、悪いときも、その時だけなんだから、現状が悪いからって逃げることもないんだよ。最低な立場に立たされたって、ケローッとしてれば気がラクだし、ここまで落ちたらあとは上がるしかないって、逆に楽しみが増えてくるよね。

いつでも今を大切にし続けることが一番大事なことなんだよ。続けることを忘れたらなんにもなんないからね。

つらいときは自然の法則を思い出して、
ダメなりに生きていけばいい

計算ばっかりじゃ、うまくいかない

僕が子どもの頃は、ジャガイモとかカボチャだけを食べていたけど、みんなそれでもけっこうがんばってた。子どもたちも毎日イモ類や菜っ葉を食べて、一生懸命に勉強してがんばって、大人になっていったな。

「昨日は卵を食べた」なんて言ったら、すごいことだった。学校に持っていくお弁当に卵が入っていたら、みんなのところへ行って、「今日、俺のお弁当は卵だぞ……」なんて、見せびらかしたりしてね（笑）。そんなことをよくやったな。

時代が変わったと言えばそれまでだけど、昔は、卵を食べられなくても、ジャガイモやカボチャを家族みんなで分け合って、楽しんで食べていたものだった。それで、けっこうみんな健康に生きていたよ。すき焼きやステーキなんて食べられないんだから、カロリーの心配なんかする必要もないしね。

バナナだって、滅多に食べられなかった。お祭りのときや病気になったときくらいしか、食べさせてもらえなかった。今は、バナナが一房一〇〇円くらいで買えることもあるし、卵のパックも安いから、誰でも買って食べられるよね。

今は、おいしいものをなんでも自由に食べられる時代だからか、みんながカロリーを計算して、「何カロリー食べたから、太っちゃう」なんて言って、大騒ぎしている。しまいには、おいしいものをお腹いっぱい以上に食べておいて、「今日は、何カロリー」って、細かい数値まで計算して、太ることを心配してるでしょ。賢いんだかなんだか（笑）。

そんなに心配だったら、最初から食べなきゃいいんだよな。おいしいものばっかり食べていないで、昔みたいに、ジャガイモとか、カボチャを食べていれば、太ることを心配しなくても済むんだから。

ひどい人になると、朝、昼、晩と肉を食べるって言う人もいる。僕の知っている人なんか、朝、ステーキを食べないと仕事に行くのに体が動かないんだって(笑)。昼は、コロッケを食べて、夜になるとカツ丼を食べるとか言って、誇りにして威張っているんだ。

「そんなことしてると、しまいに糖尿病になっちゃうからダメだよ」と言ってるんだけどね。なんでも偏《かたよ》っちゃったらダメなんだよ。食べるときは食べてもいいけど、食べたらそれに等しいくらい体を動かして、エネルギーを燃焼しなきゃいけない。それを他人から指摘されれば、そんなことはわかっていると言うけど、なかなか実行はしない。

仮に、「それじゃあ、明日から体を動かします」と言っても、明日になったら、また、たくさん食べてしまう。それでカロリーを計算して、「ああ、またカロリーが……」なんて言っている。

結局、同じことを繰り返すんだ。

食事以外のことでも同じだよね。

みんな、知識を豊富に持っていて、頭で計算をして、わかっているつもりでいるけれど、いざ行動！となるとできないんだな。そういうのを、うちのお師匠さんから教わったけど、「賢《かしこ》バカ」って言うんだと思うよ。

頭で物事を決めて、
実行がともなわないと「賢バカ」になるよ

少しずつ知識を実践することで身につく

仕事でも勉強でも、頭で考えることは大事だけど、勉強して身につけた知識を、自分で少しずつ実践していかないと、本当に使える知識は身につかないものなんだ。

たとえば、まったく相撲《すもう》をやったことのない人が、「こう押してみて」と言われたら、頭ではわかっても、お相撲さんのようにはできないよね。強くなるお相撲さんは、強い人の相撲をよく見て、自分で何度もやってみる。研究熱心、稽古熱心なんだ。

剣道では「素振り千回」などと言われるけど、宮本武蔵は「素振り一万回」と言っていたそうだからね。一万回といったら、一日中素振りをしていなきゃいけない、ということだよ（笑）。ちょっとやそっとのことじゃ、うまくはならないんだ。

勉強も仕事も同じじゃないかな。やっぱり、長い年月をかけて、コツコツと実践しながら、自分なりのやり方を見つけていかないと、ものにならないと思うんだ。

そうは言っても、早くできるようになりたいとか、早く出世したいとか、向上心が先走ることもあると思うよ。でも、目先のことだけを見ていると続かなくなるから、長く大きな視野で見ながら、今日一日を大切にしていくことだよ。すると、気づいたときには、五年、十年と続いているはずだよ。まずは続けることが大事なんだ。

結局、人生というのは、日々の積み重ねだからね。一日ずつ、一年ずつ積み重ねていけば、木が年輪を重ねるように、経験の年輪が重なってくる。そうやって経験をうんと、うんと積み重ねていくと実践力が身について、「賢バカ」にならないよ。


地道に経験を重ねていけば、一人ひとりみんな、いい人生を送れるよ

今日の自分は、今日でおしまい

恐山《おそれざん》の菩提寺には、裏堂に慈覚《じかく》大師さんがおまつりしてあった。恐山から見える宇曾利山《うそりやま》湖を見たときにね、湖のほとりは硫黄《いおう》が噴出していて、湖は一面ずーっとコバルト色で、本当に地獄だって感じがしたよ。山を登って頂上から見える景色が、硫黄とコバルト色の湖だけだったら、地の果てのような印象を受ける。だから、昔は恐山が地の果てだって言われていたんだと思うよ。

恐山には、イタコさんがたくさんいたな。僕もかつてお坊さんだってことを隠して、一度だけイタコさんに見てもらったことがあるよ。でも、全然当たってなかったなあ。

だけどね、不思議なこともあったんだ。昔、子どもの頃、大阪のおばさんが弁天《べんてん》さまがまつられているところへよく行っていたから、僕もそこへちょいちょい遊びに行っていたの。

そしたら、そこへ来ていた一人に、「この子、おかしいよ。一生懸命、須弥壇《しゅみだん》の上に登ろうとして、爪を立ててるんだ。いずれは、須弥壇の上に登るんじゃないの?」って言われたんだ。そのとき僕は、「この人、何言ってるんだ?」と思ったんだけど、その人には、将来僕がお寺に関係することをするのが、わかったんだろうね。

また、こんなこともあったな。僕がお坊さんになる前に、生駒の山に登る途中にある日蓮宗のお寺へ行っていたことがあった。お寺の尼主《にしゅ》さんのところへ行くと、お茶を出してくれて、「よく来たね」と言ってくれたんだ。でも、三回目に行ったとき、尼主さんに「あんた、また来たの?」って言われたんだ。

黙っていたら、「あんた、ここに来るような人間じゃないよ。もっと違うところへ行く人間だよ」って。

僕が「はて……？」と戸惑ってると、「まだあんたわかんないの？　もうわかってもよさそうな頃だけど」って言ってたんだな。その時もまた、「この人、何言ってるのかな」と思ったけど、後でごちゃごちゃやっているうちに、比叡山に縁があって行くことになって、住職になれるコースに入ってから、その時のことを時々思い出してたんだ。

だから、僕なんかも、目に見えない不思議な話を聞いても、真《ま》っ向《こう》から全部否定はできないんだよ。やっぱり、「信じなきゃいけないことや聞き入れなきゃいけないことも、世の中にはあるんじゃないかな」と思うね。

でも、やみくもに信じきっちゃうのもどうかと思うな。本当に困ってしまって、頭がパニックになっている人は、霊能者に何か言われると、「うんうん」とうなずいて、「その通りです！」って具合に、全部信じちゃう。それで騙されちゃうこともあるしな。

僕はお坊さんになって、行を一生懸命やってるうちに、「結局は、ジタバタしたって、今日をはずしちゃったらそれでおしまいじゃないの？　死んじゃったら、それでおしまいじゃないの？」と思うようになった。

それで、「一日一生だよなぁ」と思って草鞋《わらじ》を見ているうちに、草鞋も僕も同じだよなあと思ったんだな。僕も草鞋と同じで、一日中歩き回ったから、体がズタズタになっちゃって、青息吐息になってる。

草鞋だって、家に着いた途端に、「あー、家に着いたー」と思って、「明日はもう、これじゃ行かれないから、次の自分で行かなきゃしょうがないな」と思って、新しい草鞋と取り替えられる。

僕と草鞋が入れ替わったとしたら、新しい草鞋はぼろぼろになった草鞋について「なんでぼろぼろになっちゃったんだろう」とか、「今日は雨が降ったから」とか「きついところを歩いたからかな」とか「長持ちさせるにはどうすればよいか」と考える。そうやって、僕も草鞋を脱いで元の姿に戻るときにね、「今日一日、ああいうふうにすればよかった」とか、「こうすればよかった」とわかって、また新しい人間が完成して、次の日に出かけていくんだ。

やっぱり、一日が一生じゃないかなぁ。今日の自分は、今日でおしまい。草鞋も、それと同時に消滅しちゃうんだし、新しい草鞋にすると、自分も新しい感覚で出かけていける。人生は、そういうことの延長線だよなあ。

いろいろ考えちゃって、「もうダメです」って言う人もいるけどさ、そうなったら、新しい道を見つければいいんだよ。考えすぎて自分を追い詰めて自殺をしようとする人だって、もうひと呼吸置いて、今までと違う道をポーンと見つけて、新しい道を歩んでいけばいいんだよ。

名人や、その世界で抜群だっていう人が、思い詰めて死んじゃうことも多いんだけど、もっと大きな自分というものを知っていれば、そんな簡単に死ぬことはないと思うんだよな。無理して背伸びしなきゃいけないって思うことはないんだよ。

つらい時代になってくると、嘘をついて、裏切って、薄情になって、意地悪になっての追っかけっこだもんなぁ。そんなの押しのけて、ひと呼吸して、でーんと構えてればいいんだよ。

「一日一生」と思えば、今日の自分を追い詰めずにすむよ

知恵もコツも、繰り返すことでつかめる

のこのこ、のこのこ歩いていると、これまで勉強をしてこなかったことについて、その土地の名所や史跡を見ながら学ぶことができるんだ。だけど、自分は若いときに勉強しなかったから、学ぶときには一生懸命学んで、みんながなるべく学べるような社会をつくらなきゃいけないなと思う。

物事をするうえでのコツは、やっぱり知恵から出てくるでしょう。たとえば、針に糸を通すのだって、目の悪くなったおばあさんでも、知恵を使って、うまいこと自分のやり方で通す。同じことを繰り返しやっているうちに、そういう知恵が浮かんでくるんじゃないのかな。

僕が行に入ったとき、草鞋を作ってくれた九十歳前後のおばあちゃんがいた。毎日毎日、草鞋を編んでいるから、おばあちゃんが編んだ草鞋はピチッとしてて、型が崩れず、履いたらとてもラクで、しっかりしている。だけど、そのおばあちゃん以外の人が作った草鞋を履くと、藁《わら》の締め方が違うのか、途中から緩んだり、草鞋の下の部分に隙間が出てきたりする。

おそらく、おばあちゃんは毎日草鞋を編んでいくうちに、こういうふうに締めていけば緩まない、ということをちゃんと学んでいたんだろうな。若い職人をちゃんと教育していたんだけど、若い人が作った草鞋は、見てくれは同じでも、履いたらやっぱり違うんだ。

その違いがどこからくるかというと、長年の経験から、おばあちゃんの指先と藁との間では、うまく呼吸が合っていたんだよね。クックッという具合に締めれば、うまくいくというタイミングがあった。でも、若い人には、それがまだよくわからないんだ。

大局的な立場から教育を見ると、小さいときに受けた教育は、学びの道の基本となって、人生にずっと生きる。そうなると、基礎力をつけるのがとても大切なのとちがうかな。学問をうんと勉強させるというのは、知識がうんと増えることになる。そうなったら、学んだ知識の中から、「ここの線までだったら、自分で責任持ってこなせるな」と思う部分や、自分の一番得意とする部分を伸ばしていけばいいと思うんだ。そんな教育をすればいいんじゃないのかな。

伝教《でんぎょう》大師は、「同じことを繰り返し一生懸命やる」ということを言っている。それと同じことだよね。洋服屋の職人に見習いで入って、針の持ち方も知らない状態から、見よう見まねで洋服の作り方を覚えている子がいたとする。一方で、洋服のことはよく知ってて、ちょっとしたズボンなんかも、ちょちょちょっと縫えるような、同じ年頃の器用な洋服屋の息子がいたとする。その息子は毎日、針に糸も通さないで、丁稚《でっち》に行って生活をしてる。

「いつも器用な子のほうがよくできているな」と思っても、十年経ったときに同じズボンを作ったら、基本が身についている子のほうが、本物を作るわけだよ。いつも訓練をしているから、絶対に型崩れしないし、型崩れをしないような縫い方をする。器用な子は、見た目はうまくできても、長持ちしないとか、型崩れをするとかいうズボンになってしまう。

服のデザイナーだって、小さいときから同じようなことばかりやって、自分であっちこっちへ行ったり、見たり研究したりする。そうやってどんどん蓄積して発表したものの一つが評判になって、大人気になる。左右の袖の長さが違う、ちょっと奇抜なものを作ったとしても、「あれはデザインだ」って通っちゃう。「ひどいデザインのものを作るなあ」なんて思っても、「あの人が作ったんだから、私も着てみようかしら」なんて、みんながそれを認めちゃうんだ。十年、二十年と、継続してやっただけの結果が出てくるわけだよね。

だから、子どもの個性を見極めて、本が好きな子には本を読んであげたり、植物が好きな子には一緒に庭仕事をさせてあげたり、運動が好きな子には外で遊んであげたりして、基礎的な教育をずっとやっていくと、国語、園芸、体育と、それぞれの特徴が出てくる。

昔みたいに「右向け右」と言ったらみな右向いちゃうのもいいけども、小ちゃい頃からそれぞれの個性に合った教育を受けると、個性のある特技を持った人間が現れてくるわけで、そういう子どもが大人になることは、国の貴重な財産になるってことなんだよ。だから、家だけじゃなくて学校でも、個性を伸ばす教育に切り替えていくことが、今の時代には必要なんじゃないかな。

小さなことでも大切に、繰り返し継続していこう

今できる最低限のことをやっていけばいい

常行三昧《じょうぎょうざんまい》（二八ページ参照）の最中に、人間は、最低限やるべきことをちゃんとやっておかなかったらダメだな、ということを思ったんだ。その人、その人で生き方は違うけど、最低限やるべきことは、ちゃんとやっておく必要があるんだな。

ある日、お堂はもう暗くなってて、電気なんかないから蠟燭《ろうそく》の明かりで照らされていた。暗いところにじっとしていると目が慣れてきて、お堂の中が、戸の隙間から入ってくる光で、ちょっと薄明るい感じになって見えるんだ。

ちょうどその時、光で照らされたほこりが、ほわっと靄《もや》みたいに見えて、それと並行して、まっすぐに、すっと立っていた柱がクーッと曲がって見えたんだ。いつ見てもまっすぐなのに、その時は素晴らしい形に見えて、「すごいなあ、これ、どないなってるんだろうなあ。なんで曲がっちゃってるのかな」と思って、しばらくじっと見てたんだ。

行がちょっと落ち着いて、いろんなことを回想していたら、何かの拍子で常行三昧のときに見た光景を思い出した。それで、「才能があったら、あの光景をもとに、素晴らしい作品を作ったんじゃないかな？」とか、「もしかしたらピカソの上をいったかな」なんて図々しいことを考えちゃってるんだな。でも、その光景は、本当に言葉に表せなくて、絵の技術を持ってたら、サッサッサッと素晴らしいのを作っちゃったと思うよ。

だから、自分の伸ばせる長所や特技は、勉強をして伸ばしていかなかったらダメだなあということを考えたよね。やっぱり、学ぶときは学ばなきゃいけないし、小さいときにはなるべく勉強しなきゃダメだね、なんて思ってね。

もし、絵画や芸術に長《た》けてたら素晴らしいものができただろうし、文筆を得意としてたら、ものすごい作品ができただろう。だから、「惜しいなあ」と思いながらも、逆に自分を慰めてるんだ。知識がなかったから、今があるのとちがうかなと。知識があったら、ある程度のとこまで技術を磨いて、行き詰まっちゃって、「どうしようかな、いい作品ができない……」なんてちょっと悩んでしまうんじゃないかな。考えすぎて追い詰められちゃってね。

ところが、あまりこだわらないで図々しく生きてるから、壁にぶつかって悩むというところまでいかないんだな。だから、今のまんまが良かったのかな、と思うんだよね。だけど、正直なところ、そういう経験からいったら、やっぱりある程度の基礎知識はちゃんと心得てなかったらダメだよね。

いくら勉強する環境がお膳立てされていても、自分で勉強しようと思わなければ、能力はなかなか伸びない。だから、自分で見て、判断して、自主的に物事をこなしていけるような訓練が必要なんだよね。

僕は、行をやってる最中に、行と同時並行で、撮影や取材を受けていた。その時、行の生活と取材を受ける生活が、うまく回っていたんだ。「行をやってるんだったら、取材を受けなくていいじゃないか」という意見もあったけど、「珍しいことをやっている人を紹介したい」っていう意見もあった。「行者なんだから、ちゃんとやれよ」って言われてて、ちゃんとやってるけど、片方では新しい生き方が生まれちゃった。どっちが本職かって言われたら困っちゃうんだな。ただ、コツコツ、コツコツ、毎日歩いていただけだから。

だから、本業と副業が両立していっても、不思議じゃないって言えるんだな。そう考えると、僕の一回目の人生は、物心ついたときからずっと四十歳まで、いろんなことをしてきて、四十歳から二回目の新しい人生をスタートして、生まれ変わっちゃった。

そうすると、「人間、できることは、なんでもやっていかなきゃいけないんじゃないの？」って思うんだよね。六十歳で定年を迎えて、もう仕事はおしまいにしなさいよって言われたから、仕事をおしまいにしたあと、家で厄介者《やっかい》にされちゃって、仕方なく魚釣りや公園に行くんじゃなくて、「俺はこういうことが得意だから、これをやろうかな」っていうことを見つけて、やっていけばいいんじゃないかな。

定年になったあと、パソコンの知識を生かして、パソコン操作の指導をボランティアでやっている人を知っているんだけど、その人は六十歳まで会社で働いて、そのあとは先を見て、社会に奉仕する形で完全に復活した。

「今まで会社で受けた恩恵を、自分の街でボランティアをして役立てるのは、育ててくれた会社への御恩返しになるんじゃないかな」と思って行動すると、生きがいができるんだよね。だから、今できる最低限のことをやっていれば、考え方ひとつでどうにでも生きがいができるんだな。

人生、その時々にできることはなんでも取り組んでいこう

ただ一生懸命続けていれば、己の限界を超えられる

国東《くにさき》半島（大分県）に入る前に、航空自衛隊がある小松飛行場へ立ち寄るため、車に乗っていたら腰を痛めてしまった。そして、夕方に国東半島に着いたときは、腰が痛くて立っていられなくなっちゃったんだ。フェリーに乗って大分まで行って、そこから歩きはじめたんだけど、痛くて痛くてしょうがない。座っていても、立っていても、横になっていても、どんな状態でも痛かった。でも、みんなは腰を痛めたことを知らないし、行く約束になっていたから行かなきゃならない。

腰をかばいながらなんとか歩いていたら、今度は腰から足に負担がかかっちゃった。そうなってくると、山を歩いていても、足が全然いうことを聞かないんだな。

一日中ぐるーっと巡礼をして、宿舎へ帰ってくると、お供で来てくれている人が、腰を揉《も》んでくれたり、テーピングをしてくれる。だけど、痛くて痛くてどうしようもないんだ。お医者さんに診てもらったら、「すぐに入院しなさい」って言われるくらいひどかったと思うよ。だけど、朝がきて正装すると、不思議と「やらなきゃな」って気持ちになって、心がぴしーっとするんだ。

国東半島には、磨崖仏《まがいぶつ》といって、自然の中にある岩壁に彫られた仏様の像がたくさんある。だから、この時の巡礼※註は、急斜面の岩壁がとにかくたくさんあって、すごいんだよ。実際、岩壁を目の前にすると、腰が痛んじゃうんだ。

道案内をしてくれた人の説明を涼しい顔で聞いていたから、周りの人は僕が腰を痛めてるなんて気づかなかったようだけど、実は立っているだけで精一杯だった。九州のお坊さんに、「阿闍梨《あじやり》さんは、天狗のように歩くなあ」って言われたんだけど、「腰を痛めてる」って言ったら、それこそ度肝《どぎも》を抜かれただろうなあ。

その時、普通だったら歩けない状態を、技でなんとか乗り切ったんだね。人間、若いときは、柔道でも剣道でも、技を使わずに馬力で押し切っていけるんだけど、ある一定の年齢がくると、体力が衰えて行き詰まってしまう。その時に切り抜ける手段として、日常生活や訓練によって培《つちか》った技があるんだ。技というものは、いろんなことを経験することで、どんどん、どんどん蓄積されて、とっさに出てくるんだよ。

どんな武道でもそうだけど、「相手が右から打ってくるから、それをこうやってはねようかなー」なんて、のんびり考える暇なんかないよね。相手が攻めてきたら、勝手に体が動いて、ぴゃーっと避けられる。それが技とちがうかな。

だから、技を磨こうと思ったら、特別強くなる必要もないし、他人のまねをする必要もない。ただ、一生懸命練習すればいいんだ。それに、技というのは、ほかの人が使えないような技術のことだから、自分だけの技を訓練することによって、体が自然に動くようになればいいんだな。宮本武蔵じゃないけど、一万回くらい刀を振っているうちに心が整っちゃって、技術を習わなくたって、とっさにパーンと相手の攻撃をはねられるようになるんだよ。

「相手がこう打ってきたら、こうよけて、こうする……」なんて、頭の中でシミュレーションしてたって、刀を構えて瞬間的に行動できなきゃ、強くなれないし、すぐやられちゃう。毎日訓練していれば、相手の動きもわかるし、相手の隙もわかるようになると思うよ。

技は、行の世界にもあるんだ。山を歩いてて、体力を消耗して歩けなくなることがある。そうすると、いつも山を歩いて訓練をしているから、いつの間にか、その時に歩いている道に合った呼吸や、体の動きをして歩くようになるんだ。

たとえば、山に登るとき、昔は真正面から登れた急斜面も、歳をとったら体力的に真正面から登ることが難しくなる。だけど、急斜面をカニ歩きのように歩くと、同じ急斜面でもラクに登れる。下り道になったら、膝を守らなきゃいけないから、スキーの体勢じゃないけど、ちょっと体を前にかがめて、つま先を使って下りていく。そうすると、足のスプリングを使っているから、膝に負担をかけずに済むんだな。

そういう技があると、「もうダメだな」と思っても、歩けるようになってくる。「この技を使えば、どこまででも歩ける」って思えるんだなぁ。だから「歳をとって、馬力がなくて困ったな」と思ったときに技があると、体が弱っていても、膝が弱っていても、技で弱った部分を補える。そうすると、本人だけが限界を知っていて、周りから見たら、弱っていることなんてわからない。

だから、人間っていうのは、技があって、心の持ち方がある程度しっかりしていれば、大丈夫なんだ。やる気になれば、平気でなんでもやり遂げちゃうんだよ。

やる気を持続させるには、月並みな言葉になるけど、ハングリー精神があればいいんだ。僕なんか、それで坊さんになったような部分も半分あるよね。

「三食付きで、家の中に住まわせてくれるなんてありがたいことだ。ここから追い出されるようなことや、逃げるようなことはしちゃいけないな」という発想から、ハングリー精神ができちゃった。

だから、「お世話になったから、仏様のために一生懸命やらなきゃいけない。やり遂げなかったらみんなに申し訳が立たない」っていう気持ちがあったんだよ。

ハングリー精神がある人には、やっぱり物事をやり遂げる心の強さがあると思うよ。

日常生活や日々の訓練で
自分なりの技を磨こう

※註　西国巡礼（一九九三年五月二十八日～六月二日）

仏の里といわれる国東半島の各霊場を、険しい岩肌をよじ登るといった厳しい道のり、約一五〇キロメートルを歩きながら巡礼する荒行《あらぎょう》、六郷満山峯入行《ろくごうまんざんみねいりぎょう》を行う。その後、九州西方の伝教大師、慈覚大師の旧跡をたどる。

ゆとりがあれば、心は折れない

ゆとりを持って歩くということは、ゆとりを持って生きることにつながると思うんだな。歩きながら人生の本線、目標を歩いていくんだからね。歩くペースと、日常のペースは同じということだよね。だから、日常の生活も、ガサガサいくより、ゆっくりと余裕のある物事の考え方をするように、ゆとりのある環境を自分でつくっていかなきゃいけない。そういう環境がくるのを待ってるんじゃなくて、自分でつくって、その中に入っていけばいいんだ。

少しでもゆとりをつくれば、ギシギシしてるところにも、ちょっと隙間ができる。それで、うまいこと肩透かしができるかもしれない。いつもギリギリ、いっぱいいっぱいでいると、心に摩擦が起きるから、何かあると、弱くて折れちゃうんだな。

ゆとりというのは、いろんな見方があるんだよね。僕が新潟の長岡に行ったとき、日蓮宗や浄土宗、禅宗のお坊さんたちと会って、食事をご馳走になったんだ。その時に浄土宗のお坊さんに、「阿闍梨さん、何日生きてるか知ってる？」と聞かれたんだ。質問してきたお坊さんは、二万日ちょっと、今まで生きてるんですというわけだ。

家に帰ってきてから、「そういえば、何日生きてるのかな」と思って計算したら、僕の年齢の八十三で計算すると、ある日突然地球の上に出てきてから、まだ三万日しか生きてないということになったんだ。地球ができてから四十六億年ということは、どこまでさかのぼればゼロになるのかわからないようなところから、自分たちはつながってきてることになるよね。

八十年っていったらすごく歳とってるみたいだけど、四十六億年から見たら、そのうち三万日ってどこにあるんだというわけだ。三万日なんて、風がフーッと吹いてチャッと消えてなくなるように、一瞬でおしまいになるんだよね。ギシギシ、ギシギシ毎日生きてたって、自分たちはあっという間にいなくなる。だから、その中でガサガサしたって、大きな宇宙から見たらアホらしくて「何やってるの？」というぐらいなんだよね。

そしたら、「ガタガタしないでゆっくりいきましょう」という考えになっちゃうんだ。そういうふうに発想を変えちゃうと、つまんないことでギシギシ言ったって、たかが三万日なんだから、道でちょこちょこっと歩いてるアリンコが、大きな足でギュッとつぶされちゃうのと、同じようなものなんだよね。

要するに、宇宙に仏様か神様がいて、そういう人たちが人間を見てたとしたら、人間はうろちょろしてて、霧のようなもんだ。ふわ、ふわ、ふわっとしてるだけなんだ。そんなかすみの中にいるんだから、そんなに目くじら立ててガーガー言うことないじゃない、となるんだな。

小学校六年生ぐらいの子が、試験で悪い点取って、怒られて自殺しちゃうなんてことが、いかにアホらしいかということになるよね。無理してそんなことしなくたって、宇宙の計算でいったら、ふっと言ってる間に、僕らは自然になくなっちゃうんだからね。だから、なんでも無理することないんじゃないの、ということだよな。そう考えると、本当に気がラクになっちゃうよ。

だから、あまりつまんないことに執着したって、それこそつまんないよということだよね。それだけ執着できる能力があったら、もうちょっと楽しく生きる方法を考えたほうがいいんじゃない、と思うんだな。

要するにこだわらないで、一生懸命自分たちの楽しみを持って、自分の存在や今日を大切にするのが一番いいんじゃないのということだね。今こうしていても、とっとっとっと、今この瞬間はなくなっていっちゃうんだからな。そうやって見ていくと、細かい理屈をつけなくても、毎日毎日、ただ、それだけの、一日一生になっちゃうんだ。結局、それ以外にないんだから。

そして、毎日歩くのも、毎日仕事をするのも、最終的には心にかかっているんだな。心以外に、何もないもの。やると決めるのも、その心だし、やらないと言ったら、やらない心があるわけだしな。やっぱり、心というのはしっかりしてないとダメだよね。どんなことがあっても。

僕は、毎日、毎日同じ時間にぐるぐる歩いて帰ってくるだけなんだけど、みんなが「阿闍梨さんは腰が軽いなあ。体が軽いなあ」なんて言う。でも、自分では意識して身軽に動いているつもりじゃないんだよな。

ある時、「なんでみんな、そんなことを言うのかな」と考えてみると、「朝になったら必ず草鞋を履いて、同じ時間に出ることを繰り返してるうちに、同じことでも嫌がらずに、積極的にできるようになったんじゃないかな」と気づいたんだ。

だから、積極的になるには、気がついたら、自分でできることは人に頼まないで、なんでもダーッとやるんだよ。目が覚めたら、眠くてもグズグズしないで、パッと起きて、一連の作業をするんだよ。そういうふうに心がけてたら、いつの間にか積極的になってくる。何か物事をするのでも、サッとできるようになるんだよ。基本を大事にして、続けるということが大切なんだね。考えようによっては難しいかもわからないけど、難しい理論とか言葉はいらないんだな。ただ、それだけでスーッと生きていけばいいいんだ。あれこれ頭で考えて計算して、難しく考えなくていいんだよ。だから、簡単なことなんだ。

すべての出発点は、しっかりとした心だよ

不幸は幸せになる前兆

世の中の流れっていうのも、その時ダメだからといって、ずっと変わらないことはないんだな。経済的に悪いと言ってても、あるところでは物が売れてるし、経済的に成り立ってる。そう考えると、世の中や自分たちの生活は、地球が自転しているのと同じように、それにつられて、くるーっ、くるーっと回ってるんじゃないのかな。

変化することが自然の鉄則だから、今が悪くても、太陽や地球が回ってるのと同じように、いい時が必ずめぐってくるんじゃないのかな。不幸だとか苦労してるということは、前向きに幸せになる前兆なんだからね。そう考えると、やりがいがあると思えてきて、前向きにやってれば、やっぱり道が拓けてくるんだよな。

だから、つらくても歯を食いしばって、粘って、じわりじわりと、今が自分の鍛えどきだ、仏様が自分のことを鍛えてくださっているんだ、と思って受け入れて、一生懸命勉強しようとやっていくうちに、いつの間にか、じ～わじわ、じ～わじわ良くなっていくんだよ。

そうやって、目覚めた人から上がっていくんだ。普段から一生懸命いい生活をしていたら、周りはなんとか応援しようと思うんだよね。「ダメになって、どこまで落ちていくんだろう?」ってそんな心配してないで、ダメになったら、行き詰まったら、自分がぺちゃんこになっても、勉強のしどころだ、と思ってがんばればいいんだよ。

そうすれば、貧乏しても、恨むことも、妬《ねた》むこともないんだな。今の自分を大切にして、コツコツ、コツコツとやっていけば、必ず道は拓けるんだよね。それには、十年かかるか、二十年かかるかわからないけど、生涯を通して見れば、最後の帳尻がしっかり合ってれば、それが一番いいんだな。その間、上がったり下がったりするのが人生なんだから。

つらいときは、「今が鍛えどき」と思おう

同じ日は
二度と
来ない

第3章

「自分の道」を見つける

——揺るぎない自信を持つ

自分の「本線」を定めると、挫折しなくなる

自然な流れでお坊さんになったけど、お坊さんになることがゴールじゃなかった。住職になったら、それぞれに役目があるんだ。教学に専念する人、布教する人、お堂の中で法要する人、学問を教える人、事務を務める人……。自分自身の特技を、各自が見極めて、「私はこれが得意なので、これをやります。この道でいきます」ということを決めるんだ。

ところが、僕には特技が何もない。特技があったら、四十歳近くまでうろうろしてないもの。だけど、住職にしてもらったからには、「こういう道でいきます」というものを、ひとつ決めておかなきゃいけない。国会で施政方針を発表するのと同

じように、「これからの生き方はこういう線でいきます」ということを自分で決めて、発表しなきゃならないんだ。

小さいときに少しでも本を読んでいて知識があったら、山の中を歩かなくても、学校で先生をすればいいし、帳面のことがよくわかってたら事務員をすればいい。でも、そういう特技がないんだ。かといって、住職を辞めたら、また街に帰って失業しなきゃならなくなる。

そう考えたら、自分に残ってるのは、体が丈夫なことだけだった。体が丈夫だったら、もう、歩くしかないなと思って、それで行に入っちゃった。そうやって自分で決めた道だから、行に入って嫌だと思ったことはないんだ。

だから、自分の人生をどうやって生きていくかという、ひとつの目標を立てることが大切なんじゃないかな。わかりやすく言ったら、東京から新幹線に乗って博多へ行くんだと決めたら、博多行きの電車に乗って、どんなことがあっても降りないで博多へ行くんだというのと同じだね。

人生というのは、「こうやってやっていくんだ」ということを決めたあと、変動はいくらでもある。だけどあくまでも目標としての本線を目印にして、そこから離れすぎちゃったら、軌道を修正して、また本線へ進んでいけばいい。だけど、本線がないと、すぐに挫折したり、投げ出しちゃったりするんだよ。

「本線を見つけるのが難しい」と言って、何もやらなかったら、いつまで経っても何もできないし、自分の能力を過信して誇大妄想狂になってしまうんじゃないかと思う。その間、現実的な目標に向かって努力をしている人はどんどん進んでしまって、そこで、人生が決まっちゃう。

本線とは、自分の能力に合った道ということ。だから、たとえば僕の場合だったら、自分は小さいときから勉強嫌いで、知識が狭かった。だけども、いろんな修羅場を切り抜けてるうちにいろんな生活の知恵を身につけてきた。だから、その知恵を中心に生きていこうじゃないかと思って、最終的には、行でいくんだと決めた。

本線がないと、目標を達成するために必要な、一見バカらしいことやムダに見えるようなことに対して、知識が邪魔して、「そんなバカらしいことやれるか」とか、「俺はあと何年生きるか知らないけど、そんな悠長なこと、今の時代にできない」とか思ってしまう。

頭でっかちになって、現実の流れから抜け切れないと、道に迷ってしまう。賢すぎて、知識が邪魔して、現実にとらわれすぎちゃうと、本線を見失うんだ。

「無始無終《むしむしゅう》」といって、始めもなければ、終わりもないという考え方がある。僕は行に対してそういう考えに立ってるから、いつでもどこでも行をしてるのと同じような気持ちでいればいいと思うし、本線から離れても、すぐに本線に戻って歩き続けることができる。

一生懸命知識を広げるのはいいけど、実行力や実践力が必要だと思うんだな。「自分はいろんなことを学んだけれど、それを生かして、この線だったらこなせるんじゃないかな」というものを実行していけば、学んだことと、実行したものが両立する。

だから、本線を目標に見据えて、知識を生かして実行していけばいい。人間というのは善と悪、生と死、表と裏などと、同じ人間でも、二つの要素を背中合わせにして生きている。そうやって、自分の本線をしっかりと定めて、そこへ向かって知識を生かしながら行動していけば、物事はうまいこと回っていくんじゃないかと思うよ。

自分の能力に合った道で努力しよう

小事を大切にする気持ちが、成功を引き寄せる

絶対に自分は難局を切り抜けていくんだと決めて、自分にできることを行動に移していける人は、他人様《ひと》に迷惑をかけずに、自分は自分でやっていくという、「自主独立」の根性が身につくと思うよ。

たとえば、正社員の仕事が見つからない人が、時給七〇〇円ぐらいのアルバイトをして生活をしているとするよね。すると、何も考えていない人は、パッパッと七〇〇円を全部夕飯代に使ってしまうんだよ。

ところがハングリー精神のある人は、「こういう時代だから先のことを見ていかないといけない」と言って、七〇〇円で安いカップラーメンをいくつか買い込んで

置いておくんだ。それで「今このカップラーメンは俺の命綱で、これがなくなってしまったらどうしようもないからな」とか言いながら、カップラーメン一個を一日三回に分けて食べて、がんばって暮らしていくわけだよ。そうやって、厳しい状況でもなんとか自分でやっていこうとするんだから、相当根性を鍛えられると思うよ。

それに、何か事を起こそうと思ったら、一番小さい、目先にある小事を大切にしなかったらダメだということが、自主独立の精神を持って生活をしているとわかるようになるんだ。小事をこなせれば、だんだんだんだん大きいこともできるようになっていくから、昔の人は「小事をこなせる人は、大事をこなすことができる」ということをよく言っているんだよ。

人間は、生まれてくるときには裸で「おぎゃあ、おぎゃあ」と泣きながら出てくるものだ。そのまま放っておいたら大人になっても「ぎゃあぎゃあ」言っているだけだから、いろんなことができるように仕込まないといけませんなということで、学校へ行ったり勉強したりしていくんだよ。

学んだことを活用できるかできないかは、その人の器量にかかっているんだけど、ひとつのことを勉強して、それを確実にこなせるような人は、一〇〇の問題を一つずつクリアしていって、最終的には全部こなすことができるというわけだ。

反対に、目の前にある一番目の問題に対して、文句を言ったり放り投げたりして、いつまで経っても解決できないとしたら、それに続く問題もどんどん積み重なっていくから、気がついてみたら解決されない問題が山積みになってしまうんだよ。

富士山に登るときでも、一歩ずつ歩いていって三合目、四合目、五合目、そのうち七、八といって頂上にたどり着くのと同じように、最初の一歩、最初のスタートを確実にこなせなかったら、先には行かれないということだ。

これから大きなものをやろうと思ったときには、本当に些細《ささい》なことから、根性を持ってこなしていかなかったらできないんだよ。だから、たとえ毎日の食事が一日一個のカップラーメンでも、三回に分けて食べるだけの根性を持っていれば、必ず成功する道に入っていくことができるんじゃないのかな。

「自主独立」の精神で生活していると、小事の大切さがわかるよ

自分の道を見つけるのに、年齢は関係ない

僕が関東に住んでいた頃、職人さんや裏町の人たち、長屋のおっちゃんたちと交流があったんだ。そういう人たちは「宵越しの金は持たねえ」と言って、お金が一銭もないのに威張っていた。それが美徳だって言うんだよ。

豆腐屋さんの兄ちゃんなんかも、朝、プープーって豆腐を売って帰ってくると、「小遣いもらっとくか」とか言って、親方に給料を先払いしてもらうんだよ。それで、若い連中みんなと一緒に映画を観に行ったり、お酒を飲みに行ったり、花街のほうへ行ったりして、もらったお金を全部使って帰ってくる。

それで、次の日はなんだかくたびれたような顔をして、ひとり将棋盤に向かって

いるんだよ。僕ら子どもたちが、「兄ちゃん、何してんだい？」と言うと、「おう、誰か来ねえかな。将棋指そうと思ったんだが、相手が来ねえんだ。ケンちゃんとこへ行って、ケンちゃんか誰か呼んでこいよ」と言うから、僕らは呼びに行くわけ。するとケンちゃんは一生懸命鳶《とび》職のおじさんの手伝いをやってるから、親方が「邪魔するな！」って僕らを怒るんだよ。

そのうち夕方になってくると、兄ちゃんはまだ沈んだ顔をしていた。「お茶でも飲みに行けばいいのに」と僕が言うと、「俺、金ねえんだよ」って返すから、「昨日、お金持ってたじゃん。あれ、みんな昨日使っちゃったの？」と聞くと、「使っちゃったから、誰かが来るのを待ってんだ」と言うんだよ。

誰かをつかまえて、一緒に何か飲み食いしたり、遊びに行こうと思っているんだよね。

僕も大人になってからは、同じようなことをやって過ごしていたな。三十四、五歳ぐらいから比叡山へちょいちょいちょいちょいちょい、おばさんと一緒に遊びに来ていたけど、その間もお小遣いをもらっていてね。それをちゃんと貯めとけばいいんだけど、またもやパーッと使っていたんだ。

その頃、僕は大阪にいたんだけど、夕方になると、のこのこと家を飛び出して、友達と布施《ふせ》のほうへお茶を飲みに行ったり、映画を観に行ったり、お好み焼き屋さんへ行ったりしていたよ。とにかく若いから、一日一回外へ出ないと気が済まなくてね。

当時一緒にいた仲間たちは、夕方になったら集合場所を言わなくても、特定の場所にちゃんと集まっているようなグループだったから、みんな遊び依存症みたいなものだった（笑）。

そうやって毎晩出歩く日々が続いていたけど、ある日僕のお師匠さんが「おまえも四十になってしまったよな。そろそろ背中に一本、楔《くさび》でも入れなきゃダメだな。七年間おまえを見てるけど、ちっとも変化がないじゃないの」と言ったんだ。そして、当時何も考えていなかった僕に、「今さら何かをしろと言っても、ものにならねえな。だから、お寺でお手伝いさせてもらうように考えたほうがいいな」と言ってくれたんだ。

お寺で生活をするなら、普通の人間より得度していたほうが分がいいということで、得度することになったんだけど、お師匠さんと話をするうちに、僕がスカタンばっかり言っているもんだから、学校へ行けということになってね。それまでは自分の道を真剣に考えていなかったんだけど、学校へ行くことになってはじめて人生を大局的に見て、自分は仏様の道でいこうと決めたんだ。

だから、今すでに大人になってしまって、まだ自分の道が見えていない人も、絶望する必要はないんだよ。今からでも遅くないから、自分の道を見つけていけばいいんだ。

僕なんか四十歳からそれらしい線を走っていって、完全にその道をいけたのは四十九歳からなんだ。五十歳近くまで、ただ普通に突っ走るところまではいかずに、ゴジョゴジョしていただけだからね。

五十歳になってはじめて大人の世界に入っていって、住職にさせてもらって、そこから残りの人生は「もうこれでいくんだ」という気持ちでやっていったら、行者《ぎょうじゃ》になってそのまま自分の道を進んでいくことができたんだ。だから、年齢は関係ないんだよ。その人の気持ちひとつでいくらでも変えていけるんだからね。

自分が何をやりたいのかもわからない人たちは、いろいろな情報や知識が頭の中にあふれかえっているから、人の話に耳を傾けることができないんだよ。誰かにアドバイスをもらっても、「アホらしい」とか「こんなこと、できるわけないじゃないの」とか言って、人の話を聞こうともしないし、聞いていても「うんうん」と軽くあしらっているわけだ。

だけど、人間というのは聞く耳を持たなくてはいけないよ。いろんな人のアドバイスに対して聞く耳を持てば、そこから自然に本当の自分の道をつかむことができるかもしれないいんだからね。

とりあえず話を聞いてから、自分に合うか合わないかを腹の中で判断して、合っていると思えば実行していけばいいし、合っていないと思えば取り入れなければいいんだよ。

聞く耳を持って、自分の道のヒントをつかもう

自分にできることだけやっていけばいい

よく勉強している人たちが、目標や目的意識をしっかり持っているかというと、そうとは限らないんだ。今の人たちは学ぶことが多すぎて、どの分野を専門にしていくか、自分で判断できずにいるんじゃないかな。あっちもこっちもいろんなことに手を出すから、頭の中で混乱してしまって、結局どれも手に負えなくなってしまうんだよ。

自分のことを一番よく知っているのは自分だし、本人でないとわからないことが世の中にはあるんだ。自分の道をうやむやなままにして腹を決めずにいたら、生きている間ずっと迷っていることになるよ。

その状態でよその人の話を聞くと、よけいに混乱してしまうんだ。「こうしよう」という腹がないから、Aさんに「あんた、こっちのほうがいいんじゃないの?」と言われたら、そうかもしれないなと思うし、Bさんが「それは間違いだよ。最初のほうがいいよ」なんて言ったら、また最初のほうに戻ろうとする。自分の判断基準がないから、周りの人が何かを言うたびに、あっちへ行ったり、こっちへ行ったり、フラフラフラフラしてしまうんだよ。

ところが、自分はこの道でいくんだというものができたら、「いろいろ言ってくれてるけど、自分はこれしかできないから、これでいくよりしょうがないな」と思えるよね。人からもらったアドバイスに対して、話の中から自分に必要な分だけいただくことができるんだ。僕もお山に来てから、研究したことは歩くこと、ただ一つだけだからね。

もちろん、知識をどんどん増やすことはいいことだと思うし、知識が全然ないと情けない。ただ、いっぱい勉強するのはいいんだけど、どの分野なら自分ができるかということを選択しなくてはいけないんだ。それができていないから、理屈ではわかっているんだけど、実際社会に出て動き出したら、どんどんわからなくなってしまう人が多いんだ。

自分を見失ってしまった人は、自分がどんなことならこなせるのかをいま一度見極めるといいよ。そこで見極められれば、道が定まるから自分というものがブレなくなるからね。そうして、次はどの程度まで自分がこなせるかということを研究していけばいいんだよ。

自分がこなせることを見極めていけば、道は定まるはずだよ

人の話を鵜呑みにせず、自分で吟味するクセをつける

自分というものをしっかり持っていないと、有名人が宣伝していたからとか、みんながやっているからという理由で、周りに流されて、あれこれやってしまう人もいるよね。「こんなうまい儲け話があるからやってみようぜ」と言われたり、「これをやれば絶対幸せになれるから、一緒にやろう」なんて言われて、フラフラと話に乗っかってしまったりね。

だけど、冷静に考えれば、それをやっている人たち全員がみんなうまくいっているわけじゃないんだよ。なかには失敗した人もいるだろうし、不幸になった人もいるはずなのに、悪いことを絶対に言わず、うまくいっている数人を大々的に取り上

げて、「すごい、すごい」とか「良かった、良かった」と言っているんだ。

それは、博打《ばくち》でもよくある話なんだ。競馬好きな人は、負けた日はシラーっとしているけど、三〇〇円でも儲けたら、自分がそれ以上に月謝を払っている話は一切無視して「勝ったぞ！　この連番当たった！」と言うんだよ（笑）。奥さんがそれを聞いたら「儲かりもしないのに『儲かった、儲かった』って言って！」とカンカンに怒るよね。

パチンコ屋さんへ通っている人の中には、「今月はいい台に当たってさ、一晩で一〇万儲けた」とか言う人もいるけど、その人が一〇万円儲ける前に損した金額を計算したら、何百万円損しているかもしれないんだ。

だから、安易に人の話を鵜呑《うの》みにしてはいけないんだよ。人の話を鵜呑みにしないためにも、ある程度の教養は必要だから、基礎的な知識は学べるときに学んでおくことが大切だと思うよ。

うんと教養を積んだ人は、偏った考え方をしていても、気づいたときに自分でうまく修正できるけど、中途半端な教養の人は、本当は良い考え方をしていたのに自分で悪い考えへ変えてしまったり、自ら悪い方向へ暴走してしまったりするからね。

普段から「よくわからないけど、人に聞けばいいや」という態度では、人の意見を見極める際の判断基準がいつまで経ってもできないから、きちんと自分で物事を考え、判断するクセをつけるようにしたいね。

自分で物事を考え判断するために、教養を身につけよう

他人に認めさせるのではなく、自分で認める

人に嫌な印象を与えないよう、一生懸命謙虚になろうとがんばる人がいるよね。よく、偉い人を前にすると萎縮して、使わなくてもいいときに変な敬語を使っている人がいるけど、それと同じで、謙虚も行きすぎると場合によっては卑屈に見えてしまうんだ。

地位や名声にすがっている人は、変な敬語を聞いても嫌な気はしないかもしれないけど、物事の理《ことわり》をわきまえている人からすると、「何をこの人は言ってるの?」とか「こんなにベタベタすることないだろう」とか思うんだよ。

時代劇じゃないけど、越後《えちご》屋がお代官《だいかん》に手をすりあわせてペコペコしているよう

に見えるから、嫌な感じを受けるんだよね。

本人は謙虚な態度をとろうとしているつもりなんだろうけど、実は謙虚になりすぎるという弱点があるわけだ。だから、その弱点を自分で知る必要があるし、どこからが不自然な態度として受け取られるのか、その境目をいろんな人と接していく中で、研究していくことが大切だよ。

誠実さのない言葉は、お世辞だからね。心から言っている言葉と、うわべだけで言っている言葉の違いは、ある程度歳をとっていればだいたいわかる。誠実さがあれば、ちょっと失礼な言葉を使ってしまったとしても、その真意は相手に通じるよ。

日本では謙遜が美徳とされているから、多くの人が謙遜しすぎる傾向にあるけど、「これは自分が得意なことだから、これなら自分はできるぞ」というふうに、日頃から自分のことを素直に認めてあげることも必要なんだ。

どんな人にでも欠点はあるし、自分の欠点をきちんと欠点だと見ている人は正直でいい。だけど、しょっちゅう自分の欠点を見て、「これは欠点だ、欠点だ」と思っていると、自分の良い部分を伸ばしていくことができなくなる。

自分を認めるということは、自分の信念だとか、自信にもつながっていくんだよ。

「これはできる」というものがひとつでもあれば、人に対して必要以上にへつらったり、ベタベタすることもないからね。

自分に自信がない人は、なんとか自分を認めさせようと思うから、頼まれてもいないのに自分からいろいろとアピールをしたり、自分のことや権利をことさら主張してしまうんだよ。

卑屈になって、自分を粗末に扱わないためにも、自分を認めるのはとても大事なこと。

自信や信念は一朝一夕で築けるものではないから、日々の暮らしの中でいろんな経験を積みながら、できたことを一つひとつ自分で認めてあげればいいんだよ。それを繰り返しているうちに、いつの間にか確固たる自信や信念が身についていると思うよ。

日々、経験を積んで
自信や信念を築いていこう

考えすぎて動けなくなる前に、とにかくやる

「ひとつのことをコツコツやっていくのが大切だ」とか「あれこれ思い悩むよりも行動するのが重要だ」とか、みんながよく知っていて、当たり前とされていることを人から言われると、「そんなのわかってるよ」と言う人がいるけど、そういう人が実践できているかというと、全然できていない人が多いんだ。

どうして実践しないのかといえば、これをやったら疲れるだろうとか、コツコツやったって簡単に儲けられないじゃないかとか、そんなんじゃうまくいかないよとか、頭でいろいろ損得を考えてしまうからだろうね。

あれこれ頭で考えはじめると、誰でも足踏みしてしまう。そういうクセがついて

しまうと、いざどこかへ行こうと思っても、腰が重くなって動かなくなってしまうんだ。

だから、何かをやろうと思ったら、できるかできないか、損をするかどうかわからないけど、その時になったらその時に考えればいいやと思って、とにかくダーッと行ってしまえば、自然と人生はうまく回っていくものなんだよ。

「この線でいくんだ」と大局的に定めた目的や目標は、どんなことがあっても揺らぐことはないからね。ただ、目標目指してひたすらコツコツ進んでいけばいいんだから。

自分で何かをやろうと思っても、ちっともタイミングが合わずにうまくいかなかったり、失敗したりすることが世の中にはある。だけど、別の方法で目標に近づく道が目の前にあるなら、そっちへ行けばいい。

自分の道を歩みつつ、現実的な対処をしながら生きていくことは、早く言えば実践の修行なんだ。ひとつの道を、きめ細かく一生懸命努力して進んでいけば、精進することになるんだからね。

僕なんかでも、いまだに毎日毎日、同じことをクルクルクルクルクル飽きずにやっていて、いい加減に飽きればいいのにと思うこともあるんだけど、それでも飽きないで歩いているということは、結局そこに何かがあるんだよ。飽きないで歩けるだけの魅力があるから、歩き続けることができるんだ。

なんでもひとつの道を飽きずに続けていくことが大切だけど、いろいろ実践していくと、その途中で大きな挫折や失敗をして、新しい一歩を踏み出すのが怖くなる人もいると思うよ。

そういうときは、失敗ばかりに目を向けるのではなく、ちょっと大きな目で人生全体を見ればいいんだよ。

たとえば、日本にはロケットの技術があるけど、過去にアメリカが日本よりもいいものを作ってしまって、日本が遅れたら大変だとみんなで騒いだことがあった。日本は手探りでいろいろやってみたんだけど、やればやるほど失敗していったんだよ。

だけど、失敗したものを諦めるのではなく、それを基盤として、これはなんで失敗したのかな、今度はここのところを改良しようかなどと考えて、技術開発を続けていった。

そうやって、失敗を失敗のまま終わらせるのではなく、失敗を恐れずに改善を続けてきた結果、今の素晴らしい日本の技術があるんだと思うよ。

失敗の原因を研究している人は、どこを修正していけばいいかがわかるから、どんな人でも失敗の研究と修正を重ねていけば、次第に大きなことができるようになるんだよ。

だから、大きな挫折や失敗をしても、恐れたり怖がったりして、ドタバタドタバタする必要はないんだ。僕なんかでも、いまだに年がら年中失敗しているんだからね。

失敗するのは、「目の先には成功する道がありますよ」と仏様が道しるべとして教えてくれていると思えばいいんだよ。

頭で損得を考える前に、行動してみることも大切だよ

予期せぬ出会いが人生を豊かにする

とっとこ、とっとこ、国東半島を歩いていると、突然、観光バスが目の前をスーッと通り過ぎていって、パッと止まったんだ。「何かな?」と思ったら、バスガイドさんが乗客に向かって「はい、早く降りてくださーい」と言って、乗客が観光バスからゾロゾロと降りている。僕らはその様子を横目に見ながら、のこのこ、のこのこ歩いていた。

すると、後ろから「はい、ここにいてくださーい」という声とともに、「ちょっと待ってくださーい!」という声が聞こえてきた。「何を待ってくださいと言ってるのかな?」と思って振り返ったら、僕らに待ってくださいと言っていたんだな。

バスガイドさんは、「今、みんな降りますから」と言って、バスから乗客を降ろして、道に全員座らせちゃった。全員そろったところで、「このお坊さんたちは国東半島をぐるぐるっと回ってる、比叡山から来てるえらいお坊さんなんですよ」と説明を始めちゃったんだな。

その様子を見て、「都会と違ってのどかだなあ」と思ったよ。だって、行者の行列を見つけて、道の途中でピュッと止まっちゃったんだもの。それで、ちょっとした渋滞が起きていたんだけど、誰もクラクションを鳴らさないし、僕たちが、バスガイドさんに気づかないでとっとこ、とっとこ歩いていたら、大きな声で「行者さーん」って、車に乗っている人たちから次々と呼ばれたんだ。関西のほうから来ていた人たちは、「ここで阿闍梨さんに会うとは思わなかった」と言っていたな。

そうやって、偶然の出会いを無視するんじゃなくて、バイタリティをもってつかみにいくバスガイドさんもいいよな。運転手さんは「偶然だ！　ラッキー、ラッキー！」と車を止めて、バスガイドさんは、僕らのことを何も知らない人を道へ降ろして、僕らの宣伝をしてくれた。お加持《かじ》を受けた人は、とっさのことでなんだかわかんないままお加持を受けて、ありがたい思いで、バスでいろいろ説明を聞いた。そうやって元気一杯に仕事をしているガイドさんのツアーは、乗っているお客さんたちも、やっぱり楽しいんじゃないかな？

人生の予期せぬ出会いって、あらかじめつくられたものと違って、鮮明に印象に残るんだな。やっぱり、そういう出会いっていうのはおもしろいもんじゃないかな。「何月何日に通るからみんな待ってましょう」と前もって計算されたものじゃなくて、偶然の出会いや出来事が、人生では大切なんだと思うよ。そういう偶然を生かすっていうことを、チャンスが来たら思い切ってやってみることだよな。もしそれで失敗しても、振り返らない。

僕は、行や巡礼のことを、後でいろいろ思い返してみることがほとんどないんだよ。もう過ぎちゃったんだし、終わっちゃったんだから、今からいろいろと言ったってしょうがない。それより、「今度どこへ行こうかな」ということが先になる。

今この瞬間から見たら、ちょっと前に起きたことはすべて過去になっちゃうんだ。だから、そういう今まで歩いてきた道というのを基盤として、来た道は一応参考にするけど、ごちゃごちゃ考えない。過去を振り返って、「失敗したなー」と思って、ウロチョロウロチョロするのもいいけど、もっと大きな目で見て、「まぁ、失敗していろいろなことがあるのが人生だ」って割り切れたらいいよね。

いちいち失敗を気にしていたら、体がなんぼあっても足りないわな。それこそ、「なるようにしかならないよなー」と思って、腹を決めちゃったほうが利口ってことだよね。ごちゃごちゃ考えても仕方ないし、ただ前に、ひたすらに進んでいくよりしょうがないじゃない。

自分を信じて、「これをやろう」と決めたら、それを信じ切ってやっていけばいいんだよ。偶然のチャンスをつかむためには、心がふらふら、ふらふら、迷って寄り道してたら先に進めないというやつだよな。

頭でいろいろと思案しちゃって、「どうしよう、どうしよう……」とやってたら、交渉事でもなんでも進まないよね。それより、ある程度がむしゃらなほうが物事を実現できちゃう。

だから、チャンスが目の前に来たら、それ一筋に生きる気持ちでがむしゃらにやってみたらいいんじゃないかな。

チャンスが来たら、
がむしゃらになって思い切りやってみよう

第4章

自然にそった生き方

——自然の原理原則に逆らわない

自然の流れにそって生きれば、うまくいく

今の時代は、いろんな情報があふれかえっているから、当たり前の常識よりも真新しい情報がもてはやされているよね。生活の基礎となるような常識は、人から話を聞いたり、本を読んだりして、みんなとりあえずは知っているんだ。だけど、その当たり前とされていることを実際に味わったことがないから、常識が身につかないし、いざというときに自分がどうしたらいいかわからなくなってしまうんだよ。

日本は戦後、急激な経済成長を遂げたことで物質的には裕福になったけれど、日本人ならではの情や絆を大切にする姿勢や、助けあいの精神が失われてしまったんじゃないかな。そして、豊かになりすぎたことで、今の人たちはいろんな欲を持つ

ようになってしまったんだ。犬にだって欲はあるけれど、せいぜい餌と縄張りぐらいのものだよね。人間は考えたり、物を作ったりすることができるから、そこに欲がからむことで、よけいな悩みがどんどん増えていってしまうんだよ。

技術が進歩して便利になったおかげで、昔は人間が手作業でやっていたことも、今では機械が代わりにやってくれるようになった。その分、人は体を動かさずに頭を使って物事を考える時間が増えたわけだけど、みんな考えすぎて、いろんな悩みや心配をつくり出しているんだよ。

人間というものは、自分に関係のないことは知らんぷりして、都合のいいことにはニコニコするものなんだ。それでいて、自分に都合の悪いことがあると、良くないことだと決めつけて勝手に心配しだすんだよ。たいていの心配は自分でつくり出しているのだから、気にしなければいいんだけどね。

そうやって自分勝手に生きることは、自然に逆らうことになるんだよ。心が素直なら、自分の都合とは関係なしに、目の前の現実を自然に、ありのままに受け止めることができるし、不測の事態が起きても臨機応変に対応することができるからね。

自然や世の中の流れに逆らうようなことをすると、失敗したり損をしたりするんだ。たとえば、景気が下降線をたどっているときに落ちる力が強かったら、どうあがいたって底に落ちるしかないんだよ。それが自然界の理だからね。

そういうときにお金がない、仕事がないと言って、あがけばあがくほど泥沼に入っていってしまうんだよ。

現実の生活の中でなんとかしなきゃいけないという気持ちはわかるけど、逆らえば逆らうほど苦しみにあうもの。無理をしないでじっと耐えるのも、ひとつの生きる道なんだよ。そういう意味では、経済と人生の流れというのは、案外と結びついているんじゃないかと思うよ。

僕も四十歳までは自然の流れに逆らっていたから、あまりいい結果は出なかったんだけど、坊さんになってから、自然の流れにそってずーっと生きていったら、人生うまいことといったんだ。

生きていれば、苦しみや悲しみ、怒りや悔しさを感じることがあると思うけど、それは心のバランスが崩れるような物の考え方をしているからなんだよ。物事というのは、考え方ひとつで、いかようにも捉え直すことができるんだからね。

どんなときでも自分を信じて、心に余裕を持ちながら生きるためには、普段から心の中心に自分を据えて、心のバランスをうまくとりながら、自然に逆らわないような物の考え方をしていくことが大切なんだよ。

自分が中心にいないと、世の中や周りの人に惑わされてしまい、自分を見失ってしまうからね。そして、考えるだけでなく、実践していくことが何よりも大切なんだ。実践を通して、少しずつ少しずつ身についてくるのが、本物の自信や余裕なんだよ。

いろんな悩みや不安が頭の中にあふれかえって、自分がどうしたらいいのかわからなくなったときこそ、まどろっこしいけど当たり前の常識といわれるものや、自然の流れにそった生き方というものを、もういっぺん求めたらどうですか、と言いたいな。遠回りしているように見えても、そっちのほうがよけいな悩みや不安にとらわれることなく、ラクに生きられる道なんじゃないかと思うよ。

心を素直にして、現実をありのままに受け止めよう

自分で変えられること、変えられないこと

最近では、がんばらずに人生がうまくいく方法を探す人も多いようだけど、簡単にうまくいくことはなかなかないし、現実を甘く見ていると痛い目に遭うよ。だから、自然に逆らわないように、雨が降っている日は雨が降ってるんだなとか、風が吹いている日は今日の風は強風だなと思いながら、それに対応して生きていけばいいんだ。現実的な対応をしないで夢ばっかり見ていると、おかしなことになるからね。

自然に逆らわないというのは、何事にも良いときがあれば悪いときもあるから、その時の流れに逆らわないということでもあるんだ。そして、自然には反動がある

ということを覚えておけば、いたずらに落ち込むこともなくなると思うよ。人間の一生だって、自然の一部なんだからね。

たとえば、人生の暗いトンネルの中に入ってしまい、にっちもさっちもいかずに、苦しくてたまらないとする。だけど、苦しいときを乗り越えたら、今度は先に明かりが見えてくるんだよ。トンネルを出て日が昇り出したら、楽しくて楽しくてしょうがないわけだ。

ところが、お日様がキラキラしていたのに、あたりが突然真っ暗になって曇天が続くと、自然に反動があることを知らない人は、先行き真っ暗という言葉のとおり、どうしたらいいかわからなくなってしまうんだよ。

「自然の中では、日が昇ったら沈むものなんだ。そういう原理で動いているんだ」ということをわきまえている人は、「今は暗黒の世界に入っているんだから、ジタバタしたってしょうがないや、光が出たときに物事を解決すべく、今は力を蓄えておくんだ」と思って、おとなしく技術を磨いているんだよね。それで、明かりが見えたらサーッとやっていくから、そういう人はまた成功することができるんだよ。

力を蓄えずに、落ち込んだり、嘆いたり、悩んだり、自暴自棄になったりして、ただわいわい騒いでいたら、なんぼ命があったって足りないよ。実力は蓄えられないし、よけいな力を消耗していくだけだからね。刑事ドラマや映画で、「おい、無駄な抵抗はやめろ！」なんて刑事がよく言っているけど、まさに無駄な抵抗だね（笑）。

自然に従うというのは、雨が降っているときでも、自分が濡れてもいいと心から正直に思うんだったら、傘を差さないで歩いていきなさいってことなんだ。「雨が降っているときは傘を差しなさい」と言われて、言われるがまま従うことではないんだよ。

自分の正直な心に従っていれば、たとえ誰かに「あんた濡れてますよ」と言われても、「これもまた、自分にとって一番幸せなときなんですよ」と答えることができる。ずぶ濡れになっても、本人は幸せなんだからいいんだよ。それに、「これがストレスを解消する方法なんです」とか「こんな楽しいことはありませんよ」と本人が言っても、誰にも迷惑をかけていないんだから、文句を言う人はいないよね。

他の人が見たら、ずぶ濡れでかわいそうだなと思うかもしれないけど、本人はニコニコニコニコ笑っているんだから、ケンカにもならない。

自分ではどうにもできないことに対して、ジタバタしてもしょうがない。だけど、自分の努力で変えられることがあるなら、どんどん行動していけばいいんだ。

人生を変えようと思ったら、自分の考えや行動を、それまでとは違う内容に変えていかないと、結果は変わらないからね。何もしないで結果だけ変えようといっても、それは難しい話なんだ。

人生には苦労がつきものだけど、苦しくなってくると、どうしてもふてくされてしまったり、なんとかしようとジタバタしてしまう人もいる。だけど、地球誕生から今までの四十六億年と比べたら、本当に些細な、ほんの一瞬の出来事だと思うよ。

長生きしたとしても、ほんのわずかな時間しか地球上で生活ができないんだから、自分たちの思惑だとか都合を主張して、いちいちジタバタすることないんじゃないかな。それよりも楽しく人生を過ごして、死ぬときに「楽しかったです」「嬉しかったです」と言えるように努力していけばいいだけなんだからね。

現実の渦の中に巻き込まれてしまうのは、死に際にどういう気持ちで死にたいかが見えていないからなんだよ。そして、渦に巻き込まれたまま出ようとしないから、同じところを一生懸命グルグル回って、いつも空回りしてしまうんだ。

充実した楽しい人生を送るためにも、なるべく現実に抗《あらが》わず、自然に従って生きていきたいね。

自然の流れに逆らわず、良いときも悪いときもきちんと対応しながら生きよう

ていねいな暮らしは躾から始まる

僕が昔住んでいたのは一軒家だったけれど、長屋みたいな家族ぐるみの密な近所づきあいがあったから、普段からいろんな人とのふれあいがあったんだよ。

自分の家に帰ったら、隣のおばちゃんが勝手に上がってお茶を飲んでいたこともあったよ。僕が「あ、おばちゃん」と声をかけると、おばちゃんは「ああ、おかえり。誰もいないからお茶飲んでるんだよ」って答えたんだ（笑）。

おばちゃんの話によると、自分の家でお茶を淹れようと思いながら歩いていたら、ちょうど僕の家の玄関の戸が開いていて、お茶の道具が見えたらしい。それで、誰かいるかと思って覗いたら誰もいなかったんだけど、お茶の葉もあるしということで、お茶を淹れて、そこに座り込んで飲んでいたそうだ。

今だったら、そんなことをしたら泥棒扱いされかねないけど、昔は近所づきあいが密にあったから平気だったんだよ。

ほかにも、こんなことがあったな。ある日僕が友達と下校しているときに、おばちゃんが窓から顔を出して、「おーい、入ってこい」と僕らを呼ぶんだよ。それで、おばちゃんの家へ入っていくとお菓子をくれたりしたんだ。

お正月になればお餅を焼いてくれて、それにきな粉をまぶしたり、おしょう油をつけたりして、「はい、みんな持ってけ」なんて言って、海苔も一緒に渡してくれてね。そういうのが楽しみだったけど、今の時代はそんなふれあいはなくなってしまった。隣の家に行くとしても、鉄の扉を開けなかったら中へ入れないんだからね(笑)。

近所づきあいが希薄になっているから、隣の家が何をしているんだかわからない。せいぜい、朝になったらみんないなくなって、夜になったらご主人が帰ってくるぐらいしか知らないよね。

家の中でも、家族団らんの時間が少なくなっていると聞くよ。子どもたちは学校から帰ってきたら、カバンをボンと置いて、勝手に鍵を持ってシューッと外へ出ていってしまう。どこに行っているかといえば、ゲームセンターや友達の家へ行って、ゲームで競争しているんだよね。

そうやってみんなの暮らしぶりが変化しているから、昔は当たり前にできていたことができなくなってきて、違う当たり前の形式ができているんだよ。

たとえば、僕が今の自坊へ来た頃は、法事のとき以外、玄関の戸を開けていなかったんだ。村の人がお参りに来ると、裏の勝手口から「どうぞ入ってください」と言って、玄関ではなく勝手口から入ってもらったものなんだよ。

今は自由にいらっしゃいという意味も込めて、玄関の戸を開けてあるんだけど、今の人たちは玄関の敷居の上に平気で乗っかってしまうんだ。昔の人は、「玄関の敷居はまたいで入るのが、正しい入り方だ」とよく言ったものだけど。

子どもがよくそうやって玄関の敷居にポンポンと足を乗せてくるんだけど、それを親が見ていても、何も言わないんだ。昔なら親が子どもを叩いて、「そんなことしちゃいけません」と言うんだけどね。何も言わない親たちは、自分の靴もそろえずにバラバラのまんまなんだよ。

昔は家でちゃんと躾けられていたから、大人も子どもも敷居を踏んではいけないとか、靴はそろえるとかという当たり前のことを知っていたし、実践もできた。だけど、今はそれすらできなくなってきているんだよね。暮らしが粗雑になったことも、昔とは真逆の悪い流れをつくり出す原因になっているんじゃないかと思うよ。

当たり前のことができているか、暮らしぶりを見直してみよう

慣れないことにはゆっくり取り組む

自然の中にはいろんな生き物がいて、夜行性の生き物もいれば、日中に活動する生き物もいるし、ジメジメした場所でグングン成長できるものもいれば、乾燥地帯でしか生きられないものもいる。人間もいろんなタイプの人がいるから、ある人にとっては良く作用することが、ある人にとっては悪く作用することもあるんだよ。

たとえば、僕の食事のほとんどがジャガイモかソバだという話を聞くと、自分もそれをやりますと言って、急に同じことを始める人がいる。だけど、普段とは違うことを急激にすると体がついていかなくなって、ひどい人は拒食症になってしまったりするんだよ。

そういう人が、「ダイエットを始めてから、体調が悪いなぁ」と思って病院へ行くと、「あんた、ずいぶんバランスの悪い食事をしてきましたね……」とお医者さんから言われて、「いま急に食べたら体を壊すから、ちょっと気をつけなくてはいけません」と注意されるんだ。

太っている人が「やせよう、やせよう」と思っているとき、すぐに結果を出したくて、無理なダイエットをしてしまったりするよね。だけど、それはいつもの自分にとっては慣れないことだから、急激にやるとバランスを崩してしまう。

仮に、他の人はその方法で成功したとしても、人それぞれ、体調とか目方とか、いろんなものがあるから、まったく同じようにはいかないんだよ。

それは生き方でも、仕事の仕方でも、人づきあいでも、なんでもそうなんだ。誰かにとってうまくいった方法をそのとおりにやったからといって、うまくいくとは限らない。お手本があったとしても、それを自分で真似しながら、自分に合ったやり方に変えていけばいい。

ダイエットをすることで体調を崩してしまったり、過食症や拒食症になってしまう人は、普段から自分のバランスを崩すような、不自然な考え方になってしまっているんじゃないかと思うよ。ストイックになりすぎず、かといって怠けすぎず、自分のバランスを崩さないように、じっくり自分自身と向き合いながらダイエットをしていけば、うまくいくんじゃないかな。

ダイエットから心身のバランスのとり方をマスターできれば、その基本原理は他のことにも応用できるからね。みんな自然の中に生きているから、だいたいすべての基本は同じなんだよ。ただ立場とか目先が違うだけで、内実はみんな一緒だからね。

何かをやるときは、自分に合ったやり方を探ってごらん

自分を信じるとバランスがとれる

今まで自然に逆らって、あれこれ頭で考えながら生きてきた人にとって、自然の流れにそって生きていくのは難しいことだと思うよ。自分がどこまで自然の流れに乗っているのかもわからないだろうしね。

自然にそった生き方とは、自分とも周りの人とも、地球とも調和して生きることなんだ。まずは自分自身を中心に据えて、やじろべえのようにバランスをとりながら、自分を信じて生きていけばいい。そういう生き方は、自分を信じていなかったらできないからね。

自分を信じ切るためには、すべての災いの元と言ったらおかしいかもしれないけど、欲から離れることだよ。極端に言えば「欲張りは見ない、聞かない、言わない」と決めて、それをいつも心がけるクセをつけていけばいいわけだ。

たとえば「こんなことをしたら人からバカにされるのが怖い」とか「人の心よりも金儲けを優先しよう」とかいう心の声が聞こえてきたとしても、その声には耳を貸さないで、自分の信じる道をひたすら歩んでいくんだよ。

なんでもそうだけど、ひとつのことを何度もやっていると、自然といろんな修羅場をくぐっていくことになる。すると、このケースはこう対処して、こういうケースはこうすればいいということが経験からわかるようになるから、同じことをスムーズにずっと続けていくことができるんだよ。右も左も何もわからない状態で何かをやりましょうと言ったって、どうしたらいいかわからないからね。

ひとつのことを一年、二年、三年、四年とだんだん積み重ねていくうちに、この課題はこういう答えであろうという結論を出すことができる。不自然な生き方を自然に戻そうとするときも、ただひたすら実践あるのみなんだ。実行、実践をしていくうちに、不自然だった生き方も自然な生き方へ変わっていくんだと思うよ。

何かをやろうと思ったときは、「こういうことを自分は成し遂げるんだ」と信じ切ってやっていくといい。

その際、結果をすぐに求めないことが大切なんだ。今の時代は、すぐに結果が出ないとダメだと思ったり、すぐ他のことに目を移したりしてしまうけど、ダメなときは、ダメな流れを正確にとらえて、それに応じた対策をしていけばいいんだよ。それをきちんとやっていれば、いろんな経験を積むことができるし、そのうち流れが変わって、良いほうへ進むことができるからね。


結果がすぐに出なくても、自分の信じる道をひたすら歩いて経験を積もう

いつまでも若くいられる生き方がある

東北地方は、雪がたくさん降るでしょう。昔は、比叡山でも雪がたくさん降って、その中で行をやっていたんだ。その時、足を止めると、草鞋が凍っちゃって、凍傷になってしまう。だから、止まっちゃダメなんだな。

歩くときは、いつも同じペースで歩くっていうのが一番ラクなんだ。その人、その人に合った歩き方があるから、ほかの人と一緒に歩くと歩きづらいし、疲れてしまう。歩幅が違うし、足の運びも違うからね。自分一人だったらどんどん歩けるけど、ほかの人と歩くとペースを合わせなきゃいけないから疲れるでしょ？　やっぱりね、自分一人で動くのが一番いいんだよ。

自分自身のペースも、いつもいつも歩いてると、スピードが速くなってくるんだよ。歩きだして十五日目くらいまでは、足の関節が弱いから、足の関節が固まるまでゆっくり歩く。足の関節が固まってくると、シューッとスピードが出てきて、速く歩けるようになる。

若い人は足の関節が固まる前に、「なんだ、こんなものか」って簡単に飛ばしてしまう。そうすると、膝を痛めるんだよ。そして今度は、膝を痛めたから、足を引きずってしまって自由に動けなくなる。そうすると呼吸がうまくいかなくなって、足がなおさらうまく動かなくなるんだ。

足が痛いから、じーっとして、ちょっと止まったり、足をゆっくり動かしたりするうちに、凍傷になってしまう。凍傷になって帰ってきて、体が冷えきってるからお風呂に入るんだけど、湯船へ入るときにいつもの習慣で、どうしても足へお湯をかけちゃうんだな。そうすると、足の皮膚がバーンとやられちゃって、ズズズーッとふやけちゃう。

本当は、足が冷たくて、感覚がなくなっているときでも、足に水を何回も何回も流した後、ぬるま湯で少しずつ慣らしていって、まずは足の感覚を取り戻す。そうやって足が動かせるようになってから、少しずつお湯に慣らして湯船に入れれば、ひどくならないんだよ。

そういう物事の原理原則は、お寺での普段の会話の中から学んだな。だけど、そういう原理原則は、どんなことにも当てはまると思うよ。冷凍食品だって、急速に解凍しても味が出てこない。一番いいのは、自然解凍して、それから温める方法だ。

僕らなんかは、冷凍のうどんを調理するとき、鍋に水を張って、うどんをポンと入れ、火をつけてゆでる。沸騰して鍋から湯気が出ると、火をパッと止めて、五分間くらい蒸らしておく。そうすると、ゆでたてのうどんと同じ感じになるんだ。水から戻したうどんは、生のうどんとほとんど変わらないし、余熱で蒸らすから芯までやわらかくなる。でも、最初から熱いお湯をうどんにじゃーっと注いで、いっぺんにピャッと戻しちゃうと、こしがないんだよ。

そうやって、いろんなことに応用できる知恵を身につけると、なんでもその知恵を基準にして転用できるんだよね。だから、一つひとつのことをうまく利用すると、ひとつがヒントになって、水の波紋がぶわーっと広がっていくように、いろんなことに広げていくことができるんだな。

目標に向かってずーっと進んでいくような道にいる人は、知恵をいろんなことにうまいこと活用できるんだよな。だけど、「凍っているからうまくない」とか「凍っているからダメだ」ってよけいなことを考えると、そこで止まっちゃう。

「いかに凍っているうどんをうまくするか」とか、「本物以上においしいうどんにする」というように、物事を突き詰めていく、研究していくっていうのかな、そういうのをどんどんどんどん繰り返していくうちに、ひとつのおいしいものができあがったり、新しい発見があるんじゃないのかな。

そうすると、やっぱり、学問でも生活でも、前向きに、粘り強くやっていくのが大切なんじゃないかな。大人になって一回や二回失敗したからって、どうってことないんだ。小ちゃいときから計算したら、誰だって四回や五回は失敗したり、自分でいいと思っていたものがとんでもないことになって、後始末するのに頭を痛めたりして、いろんな目に遭ってる。

だけど、その後のことをよく考えてみると、それから何年か経ってみたら「あれはなんだったんだろう?」ってくらいに、スーッと通り過ぎちゃう。

前向きに、ひとつのテーマをつくってやっていれば、いつでも新しく生きていけるんじゃないの?

だから、歳とは関係ないってことだよな。普通だったら、四十から勉強してお坊さんになるなんて、「やめときなさいよ、そんなこと」って言われたり、自分自身も「歳だから、この世の中、歳相応のことをやってればいいんじゃないの?」と思ったりする。

だけど、今まではこういう生き方だったけど、好奇心を持って第二の新しい生き方を見つけたんだ、ってやっていけば、若さをそのまま持続できるわけだよ。だから、三十だったら三十、六十だったら六十で、その時に見つけた生き方をずーっと伸ばしていけばいいんだよね。

テーマを持った生き方をしていると、いろいろなことに応用できる知恵が身につくよ

自然の流れは、人生の流れでもある

人生には浮き沈みがあって、そのときによって流れが変わるのは当たり前だと腹の底に叩き込んでいれば、少々のことがあっても悔しいとか、腹が立つとか、クヨクヨ悩むことがないんだよ。これが当たり前のことなんだと思えるからね。

困ったことが起きると、みんな動揺したり心配したりするし、「なんで私だけがこんなふうになってしまったんだろう」なんて思うよね。だけど、私だけがひどい目に遭っているなんてことはないんだよ。そのとき、そのときの状況によって、それぞれの流れが違うだけで、みんな同じように良くなったり悪くなったりしているんだ。

だから、当たり前のことをわきまえて、自然の流れに逆らわず、あるがままに生きていけばいいんだよ。当たり前のことがどういうことかわからない人は、いろんなところから学びとればいいんだ。そういう機会は世の中にたくさんあるんだからね。

たとえば、テレビでマラソン中継をしているときに、アナウンサーが「あの選手はいい記録を持ってるんですけど、今日は大変強い向かい風が吹いているので、ちょっと苦労してますね」と言ったら、それをパッと取って、人生なんてそんなもんだなと学べばいいんだよ。

後ろから風が来たら、それに乗っかっていけばスーッとラクに進めるし、向かい風が前からボンボンボンボンぶつかってきていたら、前へ進むのは大変だということは、みんなわかりきっているよね。だけど、それが人生にもあてはまると瞬時に気づける人はなかなかいない。

いつも心に幅を持たせて、当たり前とされていることを人生にあてはめて考えてみるといいんだ。そうすると、自然のままに生きていくということがどういうことなのか、だんだんわかるようになってくると思うよ。

当たり前のことを人生にもあてはめてみると、自然の流れに逆らわずに生きられるよ

真心があれば、気持ちは必ず伝わる

イタリアのバチカンへは、当時ローマ法王だった、ヨハネ・パウロ二世に会う目的で行ったんだ。ある人から「三大聖地へ行ったらどう?」と言われたのをきっかけに、「これまで中国、インドと行ったから、今度はキリストのところへ行こうかな」と思って、ローマに行ったんだな。

ローマの街を回峯の格好（お笠をかぶり、白装束をまとい、草鞋を履いて、短刀を差し、杖を持つのが正装）で歩いて、バチカンの入り口まで来たら、門のそばにいる衛兵に、「杖と短刀、それらの武器を置いて中へ入ってもらわないと困る」と言われたんだ。だけど、それを取ったら行者じゃなくなっちゃうから、何しに来たのかわからなくなる。「これは絶対必需品だから」と言って、三十分くらい交渉して、ようやくそのまま教会の中へ入っていけたんだよ。

そしたら、一万人くらい入る大聖堂で、大勢の人たちがみんな拍手で迎えてくれたんだ。大聖堂の一番前の列には、国賓とか、各国の大使とかが座れるベンチみたいなのがあるんだけど、そこに入れてもらえて、謁見※註してもらったんだな。

普段は、聖堂の中で写真撮影をしちゃいけないことになっていて、バチカン市国の報道部が、いろんな出来事をカメラで写したり、収録する。だけど、その時僕らは、特別に撮らせてもらえたんだ。

法王さんが僕のところへ来たとき、日本のダルマを渡したんだ。「これなんですか」と聞かれたから、「日本ではダルマに願いごとをするとき、目玉をひとつ書き入れて、願いが叶ったらもうひとつ目玉を書き入れる。だから法王さんもやってください」と言ったんだよ。そしたら法王さんは、ローマ字で書かれた日本語を読んで、「遠い日本から来られてごくろうさまです」と挨拶をしたんだ。

聞いたら、あの法王さんは、謁見に来た人の国の言葉で、全部挨拶すると言ってたね。すごいよ。やっぱり温かい感じがしてね、何かすごいぬくもりを感じたな。世界の信仰を束ねてる人というのは、やっぱり半端な人じゃないんだね。見るからに温かい、なんとも言えない優しさが漂っていて、好々爺《こうこうや》のような感じなんだ。だから、あの法王さんと会ったら、落ち着いて、穏やかになる感じがしたな。

それから、法王さんは民族衣装にものすごく興味があったみたいだったよ。謁見する人々が、いろんな民族衣装を着てこられることが、とにかく嬉しくて、とても喜ばれると聞いたな。だから、みんな民族衣装の展示会みたいな感じで、いろんな格好で来ていた。なかには、何世紀か昔のフランス人がしていた、ナポレオンみたいな格好の人たちもいたんだな。

謁見した後、その時の宗教局長さんがアフリカ系の黒人だったんだけど、待合室のような部屋に通してくれて、お茶を出して一服させてくれたんだ。その時、宗教局長さんが、「なんでバチカンへ来たのか」ということを聞いてきたから、僕はまたバカのひとつ覚えで、「とにかく世界の平和ということを願っているし、拝むということが自分のひとつの仕事で、天命だと思っている。だから、これからもいろんなところへ行って、みんなの幸せを祈りながら各国を回りたい」と答えたら、「それはけっこうなことです。私もその時には一緒に参ります」なんて言ってくれたんだよな。

バチカンに行ったときは、かしこまって、国がどうだとか、こんなことを言ったら日本の恥だ、とかいうのがなくて、普通にお参りに来てる人たちの感覚で行ったから、けっこうおもしろいことがいっぱいあったね。だから、規則だけは守って、ほかの部分でちょこちょこやって怒られても、それはかまわないような感じで行ったんだ。やっぱり、人間同士の関係は、誠実さがあったり、真心とか心がこもっていたりすれば、世界のどこでもだいたい通じるんだな。

人間というのは、これを拝めと強制されて拝むんじゃなくて、自然に吸い込まれて、拝みたいというものを拝むようになるのが、一番いいんじゃないのかな。だから拝むということは、世界のどこへ行っても、すべての人に対して共通なんだよね。

バチカンへ行ったあと、アッシジに行って、そこでもお加持をしたんだな。その時は決められたスケジュールはなくて、突然思い立って、自分の感覚で世界平和を拝んだんだ。自分も山をぐるぐると歩いて、世界平和と人類の幸せを拝みながら行をしたから、「キリスト教とは関係ないけど、世界平和のために行のときに使った玉体杉《ぎょくたいすぎ》、玉体加持というのをお加持させてください」と言ってね。

そこでずーっと拝んでたら、総長さんがそろっとやってきて、向こうから「ありがとうございました」と言って握手をしてくれたんだ。総長さんたちは、「世界平和会議にこれから行きますから、あとで食事を一緒にしましょう」と言ってくれて、会議の後合流して、食事会に参加したんだな。

その時に、やっぱり宗派は違ってても、拝んだときに、本当の幸せを願っているという気持ちが表れてくるんじゃないかなと思ったな。だから、一生懸命拝むということは、どこへ行っても共通してるんだ。

お日様を見て、僕が琵琶湖のほうに向かって一生懸命拝んでる時と、ローマで拝んでる時とは、やっぱり同じ気持ちなんだよね。

だから、やっぱり心だろうな。心が通じれば、言葉も宗派も違ってたって、相手も「ありがとうございました」という感謝の気持ちでもって挨拶してくれる。どこでも、気持ちは通じるんだな。

拝みたいものを、心をこめて拝もう

※註　ローマ法王謁見（一九九五年六月七日）
六月五日よりローマへ。七日にバチカンのサン・ピエトロ寺院にて、当時のローマ法王ヨハネ・パウロ二世に謁見した。

「もうダメだ……」と思ったら、落ちるところまで落ちてみる

インドネシアの首都、ジャカルタへも行ったことがある。「雨季だけど、雨なんかちっとも降ってないねえ」なんて言ってたら、黒い雲が出てきて、ダーッと雨が降ってきた。スコールだな。

ジャカルタでは、バスがたくさん走ってるんだ。そのバスは、日本でいったらマイクロバスみたいで、なかには日本かどこかからトロッコを買ってきて、トラックにつないであるのもあるんだな。

停留所には、行き先を書いた案内板がない。日本だったら京都行きとか、なんとか行きと番号を打って分けてあるんだけど、それがないんだ。その代わり、バスが

着いた途端に、車掌が「どこどこ行きですよー」と大声で知らせるんだな。

そして、冷房の付いたバスだと、日本円で一〇円ぐらいで乗れて、現地で中流階級の人たちはそれに乗るんだ。冷房なしのバスは日本円でいったら、一円とか二円ぐらいで乗れるんだよね。それには、生活の苦しい人たちがおもに乗るんだ。だけど、このバスに乗る人たちはすごく多いから、そこへ人がダーッと集まっちゃって、みんなわれ先にとばかりに乗るんだ。席の争奪戦だな。

気の弱い人や女の人なんか、ラッシュが終わるまで乗れない。そのうちに、空が真っ暗になって、ダーッとスコールが来ると、雨宿りする場所がないから、みんなずぶ濡れになる。だけど、ずぶずぶのままバスに乗ってしまうんだ。

貧しい生活をしてる人たちは、みんな、朝八時から夕方六時とか七時まで仕事をしている。朝はバスに乗って、二時間ぐらいかけてジャカルタに行って、会社が七時に終わって、バスにすぐ乗れる人はいいけど、乗れないと一時間ぐらい待ってようやく乗れる。だから、家へ着くのは十時くらいなんだな。それから洗濯してご飯を食べて、とやって、朝六時のバスに乗ろうと思ったら、寝る時間ってほとんどなくて、また次の日も、同じことをやってるんだ。

ところが、中流階級の、冷房付きのバスに乗れる人たちというのは、七時になると、デパートへ行ったり、いろんなところへ行って、買い物をしたり美容院へ行ったり、お化粧したりブランド品を買ったりなんかしているんだ。その上の上流社会になると、ベンツだとか、外車に乗っかって、会社へ行ってもろくに働きもしないで、キョロキョロと眺め、業績をボコボコけなして、夜になったら、日本でいうと、二〜三万円ぐらいの料理をパクッと食べる。

ジャカルタは、そうやって暮らしている街なんだ。だから、貧しい生活をしている人たちは、かわいそうなんだよ。スコールに遭うと濡れっぱなしなんだ。だけど、現地の人に聞いたら、濡れてても自然に乾くし、湿気がないから、サラッとしてる。もう慣れちゃってるんだ、と教えてくれたな。

ジャカルタだけじゃなくて、どこの国にも貧富の差はあると思うんだな。その中で特に格差が激しい国では、内乱が起きたりするんだよね。でも人間が生きていくうえでは、格差というのはどこでもあり得るんだな。どこがいいとか、どこが悪いとかって言えないし、とどのつまり、差別の問題につながってくるんだよな。

国を動かしている人や裕福な人たちが、困っている人たちの生活を知らないで、学校で習ったことだけで国を動かして、自分たちはおぼっちゃんの生活をしている。

そういう国では、苦しい生活で働かされてる人も、何時間か働いたら、最低限の給料をもらえるし、不平を言うとクビになるから、一生懸命やろうということになる。波風立てないで一生懸命やってれば、生活は安定するんだと思ってね。食ってかかって、ちょっと睨《にら》まれちゃったら、明日から働くところがなくなっちゃうもんな。

だけど、もし、僕がすごい貧しい立場にいたら、前向きに突っ走って、がむしゃらにどこか食べられるところを探しにいくかもしれない。別にこの国だけが居場所じゃない、と思ってどっかへ行っちゃうというような感覚だよな。命があるから生きてるんで、寿命がなくなったら死んじゃうんだから、ここにずっといても死ぬかもしれないし、よその国へ行っても死ぬかもしれない。だから、「人間《じんかん》到る処《ところ》青山《せいざん》あり」と言われるように、どこでも死ねるんだから、外へ飛び出してがむしゃらにやっていくことを恐れないということだ。

だから、その気持ちで外へ踏み出していけばいいんだな。ただ、出ていったから大物になろうとか、うんと食べられるようになろうとか、そういうのじゃなくて、人間らしく、人生を生きるという気持ちでやっていけばいいんじゃないかな。

人生でどうしようもなくなったときに、前向きに突っ走っていけなければ、静観しちゃって、落ちるところまでダーッと黙って見てみるわけだ。落ちるところまで落ちたら、あとはもう上に上がるしかないんだから。それまでにいろんなものを蓄積して持っていて、上がるときにそれを打ち出せばいい。

だから「ダメだな……」と思ったら、ムダなことをしないで、落ちるところまでシラーっととぼけちゃって、一銭もないような顔をしてじっとしてるんだ。そしたら友人たちがお茶でもご馳走してくれる。そうやっているうちに、そろそろ行くかって、また始めればいいんじゃないかな。たぶん、それぐらいの感覚でちょうどいいんだと思うな。あまり難しいことを考えちゃうと、体が硬くなるし、思考力がなくなって、何をやっていいかわからなくなっちゃうからね。

落ちるところまで落ちても、「そろそろ行くか」ってまた踏み出せばいい

良い流れをつくるには、一人ひとりの意識が大切

一日一生という言葉には、「今を大切にしましょうよ」という意味も込められているんだ。今、地球上にこうして生きていられるということは、本当に貴重で、奇跡みたいなものなんだよ。だからこそ、今日一日を無駄にせず、いつスーッと亡くなってもいいように、充実した人生を心がけるのがいいんじゃないかな。

僕らは世の中の流れに逆らうことはできないから、その流れのとおりにしか生きていかれない。政治や経済がすったもんだしていても、いま地球上に生きている人たちが幸せだと感じることができて、特に日本で生活していることを素晴らしいなと思えるような流れを、一人ひとりがつくっていけるといいよね。

たとえば、社会へ出て仕事ができるようになるまでは、ある程度国が責任を持って、ゆったりと自分の知識や知恵を伸ばせるようなシステムになっているとか、家庭は経済的にゆとりのある生活が成り立つよう、雇用も社会保障もきちんと整備されているような状態になるといいよね。

世界のどこから見ても、日本の国民はいいなあと思われるような国になって、みんながちゃんと仕事をして、家の中が睦まじく生きていけるような世の中になってもらいたいなと思うよ。それは夢みたいな話だけど、そんな夢を見ながら実現させることができるように、みんなが動いていってほしいなと思うんだ。

個々の人間がそういう気持ちにならないと、一人で夢をうなっていたってダメなんだよ。大勢の人たちがそういう気持ちになってはじめて、ひとつの大きな流れをつくり出すことになっていくんだからね。政治家やトップに立つ人たちは、下についている人々の力によって、いろんなことが成り立っているということを知る必要があると思うよ。

みんなが幸せになることを目指すような物の考え方に立って、一人ひとりが自分にできることを地道にやっていけば、だんだんだんだん、いい社会になっていくんじゃないかと思うよ。

夢見る気持ちが集まって、社会はいい方向に動いていくんだね

第5章

悩みとの向き合い方

――今の自分にできることを見つける

一歩一歩前に進もう

まず知ってほしいのは、人はみな逆境の中で生きているということ。たとえば、生活の苦しみだとか、働く苦しみ、病気の苦しみ、学生だったら勉強や試験の苦しみがあるよね。つまり、逆境は人生につきものなんだ。でも、やる気がありさえすれば、必ず乗り越えられるものでもあるんだよ。

なぜなら、逆境というのはいわばどん底。それより下がりようがないでしょ。あとは上がる一方なんだから、がんばって乗り越えたら、間違いなく道が拓けてくる。よく言うじゃない、「失敗は成功のもと」って。失敗するたびにどんどん成長して、いいアイデアも出てくるようになる。修羅場を何回も経験したぶんだけ、こういうときはこうやろう、と図太くなれるしね。

順境のときは何でもうまくいき、いい服を着てうまいものを食べ、幸せそうに見えるけれども、その反動はいつかやってくるんだな。天辺《てっぺん》まで行ったら下がっていくしかない。世の中はそうやってクルクル回っているわけね。

だからつらくても挫《くじ》けずに、自分の立場でできる努力をしていけばいいんだよ。逆境は自分を向上させてくれるための手立てだ、と思ってね。社会が自分に与えてくれている試練だ、これをこなすことで人間としてステップアップできるんだと考えるようになっていくと、向上心も出てくるんじゃないかな。逆境は惨めでもつらいことでもなく、これから上り坂になっていくんだと考えると、順境より楽しみがあると言えるよね。

逆境に圧倒されたらダメだよね。スポーツでも、最初から相手に圧倒されたら勝てないように、生きることにもっと自信を持たなきゃ。なるようにしかならないのだから、ジタバタしたってしょうがない。お金がないのなら、ないなりの生き方をするしかないじゃない。たとえば、生活するためには選《え》り好みしないで、どこでもいいから働きに行くとかね。自分のプライドや経歴にこだわると、それより環境が悪いところでは働けません、となるんだよ。

逆境を切り抜けようと思ったら、過去にこだわるくらいロクなことはないんだな。大切なのは今で、目の前の問題を一つひとつクリアしていく実践力を身につければ、おのずと道は拓けてくると思うよ。

チリの鉱山の落盤事故で、地下七〇〇メートルに閉じ込められた作業員三三人が救出された出来事があったでしょ。そんなものすごい逆境の中で無事に生還できたのは、一日の食料は小さなビスケットだけでしのぐとか、トイレの処理をきちんとしたとか、身近なことを一つずつ実行したからじゃないかな。

僕たちがこの世に生まれてきたのは、一人ひとりに何かしらの使命を与えられているからなんだよ。使命を達成しようと思ったら、苦しいことはどうしてもついてまわる。それでも逆境を一つずつ乗り越えて経験を重ねていくと、少々の失敗をしたとしてもビクともしなくなってくる。むしろ、思い切ったことができるから、逆に強運が回ってくるんだよな。運が良いとか悪いとか言うけれど、運はこういうところから生まれてくると思うな。

今の人は使いきれないくらいの知識を持っているから、頭で計算ばかりして実践を忘れているんじゃないかな。知識はあくまで知識。知識を利用して知恵を身につけていくことが本当は大事なんだ。知恵は日々実践することで生まれてくるもの。しかも、いっぺん身につけた知恵はどんなときでも忘れない。自分の体で覚えたことだから、いざ逆境に直面したときに役立つんだよ。

逆境は、問題を一つひとつクリアしていく実践力で乗り越えよう

人生にムダなものはない

人間、長く生きていると、その時はどうしてこんなことをやっているのかな、ひどいなあと思ったことが、振り返ってみるといつの間にか役に立っているということがあるんだよね。

僕は二十三、四歳ぐらいのときに、法政大学に就職していたことがあって、図書館で本の出し入れをする係だった。今みたいにコンピュータはないからカードに本の名前を書いてきて、「これ、お願いします」と来るんだ。でも本をあまり読んだことないし、勉強もしていないから知識が細い。その本がどこにあるか見当もつかない。とりあえず本棚のところに行って、一字ずつ見て探す。だから大変な時間がかかるわけ。

ところが、他の係の人たちはさっさとやっていく。情けないなあ、こんなこともわからないのかと思っていたんだけど、ある日、ふと本の背の下のところを見たら数字や記号が書いてある。Bのいくつ、Aのいくつとか。そうか、これでいけばいいんだってことに気づいた。

そういえば、昔、軍隊・予科練に行っているときに適性検査というのがあって、数字や迷路を書き写すといったことをやらされた。いつもドンビリで、その時はダメだなあと思っていたけれど、そのことが頭の中のどこかに残っていたんだね。字は読まなくて数字だけ見ればいいんだ。すると、勝手に足がその数字のあるところへパッと行って、抜群に早くなっちゃった。

僕が、スッスッとやっていくから、大学の教授が、よっぽど頭がいいと思ったらしい。「あんた、何科に行ってるの？」というわけだ。当時は、図書館を手伝う人というのは、学生がアルバイトで雇ってもらっていた。昼間授業を受ける人は夜の部の図書館、昼間図書館で働いている人は夜学校へ行っていたので、おそらく学部を聞きたかったらしいのだけど、僕はわからないから「あのう、図書館です」「図書館はわかっている、どこにいるの？」「出納《すいとう》係やってます」「そうじゃなくて、どこの学部に入っているの」というわけで、「学校に行っていません」と言うと、「もったいないなあ。抜群に整理できるから、学校へ行きなさいよ。ここには本もいっぱいあるしね」と言われて。そういうふうにおだてられたものだから、学校へ行かなきゃいけないと思ってね。

そのためには成績表がいるので、出身学校へ行ってもらってきた。ところが、学校に行っているとき、あんまり成績がいいほうじゃなかったから、だんだん心配になってきて封をそっと剝《は》がして中を見てみた。そうしたら、落第のことは出てくるし、あんまりいいことが書いてない。これでは学校へ行ってもダメだなあと思ったら、急にいやになって、それで勝手に図書館を辞めて行かなくなった。職場放棄しちゃった。

家には辞めたことは言ってなかったので、お小遣いがある時は、毎日朝八時に電車に乗って、一日ぶらぶらして夕方の五時にうちへ帰ってた。そのうちお金がなくなって電車にも乗れなくなったので、考えたのが一日中ぐるぐる歩いて回ってくれば、時間の辻褄《つじつま》は合うじゃないかと。それで歩き出した。どこそこを歩いていけば、夕方の五時には三鷹《みたか》の駅へ着くという計算をやってたな。

その時は、いったい自分は何をやってるんだろ、図書館辞めなきゃよかった、学校へ行けばよかった、えらいことをしてしまったなと思いながら、歩いていたんだ。

けれどなんのことはない。それから三十年ぐらいも経ってから、夢にも思わなかった千日回峯行の京都の大廻《おおまわ》りに出ることになった。その時に、みんなが、歳は五十四ぐらいだし、相当大変なんじゃないかなと心配してくれた。本人は、話を聞いて大変だとは思っていたけれど、歩きはじめると、なんだか知らないけど、昔、どこかで味わった感触だなあと思った。あ、そうだ、東京を歩いたときと同じだ。そうか、東京を歩いていたときと同じような呼吸でずっと歩いていけば大丈夫じゃないの、って思ってね。

東京を歩いていたときは、三鷹の駅から玉川上水《たまがわ》を上って、甲州街道へ出て、甲州街道から新宿へ、新宿の次はどこというふうにして、小刻みにいろいろなものを見ながら歩いてた。

京都の大廻りは、一日八四キロもあって、山で四十何キロ、下（京都市内）で四十何キロ、二条城をぐるーっと回って、京都御所を中心に京都の旧市内を歩くことになっている。山から下りたら夕方の七時ぐらいまでずうっと歩かなきゃならない。そう思ったらもう気が滅入《めい》っちゃう、大変な行だなあと。

ところが歩いているうちに、ここで庚申《こうじん》さんを拝んで、今度はお地蔵さん、今度はお不動さんだ、清水《きよみず》さんだと、小刻みにいったら、キロ数にしたらほんのわずか。そうすると気がついてみたら、くたびれていても夕方の七時ごろ間違いなくちゃんとそこに着く。

東京でうろうろ歩き回っていた頃、その当時は大変だったけれど、振り返ってみるとムダじゃなかったな。ちゃんとこうして行に生きている。仏様がきっと京都の前に東京で練習させてくれたのやなと。どんなこともつながっていて「人生、ムダないなあ」っていうふうに感じたね。

職場放棄して歩き回るしかなかった経験が、大いに役立ったよ

歩くことが教えてくれること

歩いているときにインスピレーションじゃないけれど、ひょっひょっと、ヒントを得るということがある。その時はものすごくいいなと思うんだけど、帰って思い出そうとしても、なんだったかなあとなる。だからいつもメモ帳を持って歩くといい。ちょっと思いついたり、これがいいなと思ったら、全部じゃなくていいから書いておくと、家に帰ってその字を見たら、「ああ、あのことか」って、それを基準に物事が考えられるからね。

人間というのは、何をやるときでも前へ一歩、二歩といくでしょ。すべてのことは一歩ずつ一歩ずつ進んでいかなかったら、ものにはならない。学問をするのでも第一歩は基礎から入っていくでしょ。人間、歩くということは行動を起こす出発点なんだね。

だから気持ちというのも、歩くことによって、整理できるんじゃないかと思う。ただじいーっと、どうしようどうしようと思って動かないでいるよりは、ともかくまず歩いてみる。動いてみる。動けば行動したことになる。歩くというのは歩行禅、一歩一歩と歩いているうちに、だんだん腹に力が入ってきて、だんだん前向きになって「なんだ、こんなことなのかあ、アホらしい」って思えるようになってくる。歩くことは気持ちをすっきりさせてくれるんだよ。

だからノイローゼの人は歩くのが一番いい。歩くということは動くことだから、体を動かせば血の循環が良くなる。また歩くと視野も広がるでしょ。

たとえば京都だったら歩いていると、比叡山や愛宕山《あたごやま》といった山が見える。それを見ていると自然と気持ちが大きくなってくる。そのうちにいっぺん比叡山にでも登ろうかとか、愛宕山でも登ろうかなあという気持ちになるじゃない？

そういうふうに自然を見ているうちに、どんどん、どんどん気持ちが開いてきて、気持ちにゆとりが生まれてくる。

そうすると自分の考えていることが、「なんでこんなちっぽけなことで悩まなきゃならないんだ」とか、「ジタバタ、ジタバタしたってしょうがないよ」「今を大切にしようかなあ」というように、がんばることができるようになるんじゃないかと思うよ。

どんどん歩けば、自然と前向きな気持ちが湧いてくる

呼吸を整えると、心が整う

朝起きたら、誰でもみんな、空気を吸ってるよね。それではじめて、自分たちは今日も地球の上に存在しているんだな、と確認できて、そうして、今日も一日動きましょうか、ということになってくる。

その呼吸を整えることが、行の動きの基本なんだ。呼吸が乱れていたら、歩くことができないんだよ。呼吸を整えられないと、体もついてこない。ついてこないのに無理して吸うと、くたびれちゃう。疲れちゃうと、精神的に圧迫されてくる。圧迫されてくると、頭の中がいうことを聞かないし、体が疲れてくる。体の自由がきかなくなってくるから、心がおかしくなってくるんだ。

ところが、行の最中に呼吸を正常にすると、体の動きがついてきて、体の動きがついてくると、心が穏やかになってくる。全部がひとつになると、スーッと歩いていけるようになって、自然に集中力が高まって、無心になるっていう言葉で表現される状態になるんだな。そうすると、時間を忘れて、気がついてみたら、リズムに乗って、クルクルと軌道に乗っちゃったみたいに回りだすんだ。途中でやめようと思っても、もったいないような気がしてやめられないんだ。そのうちに気がついてみたら、普段なら五時間が大変に思えるんだけど、「もう五時間経っちゃったの？」というような感じになるんだ。

結局それは、自分の呼吸と心の考え方と体の動きというのが一致してるから、できるんだよね。それは行だけじゃなくて、仕事だって同じなんだ。三つがうまく一体になってれば、集中力が高まって、無心になれる。そうすると、頭が冴えて、タタタタッとはかどって、気がついたらあっという間に片づいちゃうんだ。

頭の中でこうしようと考えるんじゃなくて、勝手に心と体の動きと、それから呼吸が一体になって、心が乱れてなければ、くたびれないで自由に仕事ができるわけだ。ところが、呼吸が乱れていたら、やたらに頭の中の回転が鈍くなったり、しんどくなって、ちょっと仕事した後に「はぁ……」とくたびれるに決まってるんだ。お坊さんの世界では「身口意三業相応《しんくいさんごうそうおう》」と言うんだけど、それがいかに大切かっていうことになるんだな。その原理が基準になるというわけだ。

だから心臓がドキドキしてて苦しいな、と思ったら深呼吸するといいんだよな。吸って吐いて、吸って吐いて……。だんだん静かな呼吸にしていって、それで落ち着けばいいんだ。集中力がどうもつかみにくいなと思ったら、一つ、二つ……と数えながら呼吸をしていくといいよね。「数息観《すうそくかん》」と言うんだけど、やっていくうちに落ち着いてきて、心がスッとしてくるんだよ。リズムに乗っちゃった人は、何度もずっと繰り返しちゃうくらい、集中力が高まってくるんだ。

最初のうち、出足は難しいけども、集中力の心が定まったときには、最初の行動をとった途端に、ターッとできる。ところが何度やっても心が乱れてたら、ちょっと仕事しただけでもしんどいし、嫌になっちゃう。五分ぐらい一服してからやりましょうと言っても、なかなか仕事に戻れないし、それで、仕事を再開したって、「あーっ、失敗した」なんていうことになっちゃうんだ。

そんなときは気分転換すればいいんだな。外へ出ていって、日中だったら空を眺めたり、夜、お星さんがきれいだったら、お星さんをじっと見たり、それこそ落ち着くまで深呼吸するんだ。なるようにしかならないから、デーンとかまえてお茶を飲んでとやってるうちに、「なんかまたやりたいな」と思って、スーッと進んでいけるんだよ。

くたびれたら、深呼吸を繰り返してごらん

「悩み」を自分で大きくしていないか

石ころを池の中に落とすと、その波紋がどんどん大きくなって、広がっていくよね。それと同じで、本当は石ころくらいの大きさの、なんでもない悩みなのに、自分で悩みの波紋をどんどん広げている人が多いんだ。

たとえば、会社に勤めている人が、「仕事が忙しくて、追い込まれてしまった……」と、悩んでいるとするよね。だけど、世の中にはリストラされて、働きたくても働けない人がたくさんいるし、勤めていても、明日をも知れぬ身という人もいる。

忙しいくらい仕事があるというのは、仕事がなくて困っている人から見れば、すごくうらやましいことかもしれないんだ。「仕事があるってことは、実はありがたいことなんだ」と思えば、忙しすぎてつらいという悩みも、少し軽くなるんじゃないかな。

家族にまつわる悩みも同じだよ。両親のことを「うるさいなあ」と思って悩めるのは、両親がいるからだよね。世の中には両親のいない子どもたちも、たくさんいる。反対に、子どものことで悩めるということは、子どもがいる証《あかし》。子どものいないご夫婦だって、いっぱいいるからね。家族のことで悩めるだけでも、十分ありがたいことなんじゃないのかな。

悩みの渦中にいると、知らず知らずのうちに、自分で悩みを大きくしてしまい、悩んでいる事柄が、本当は贅沢な悩みで、ありがたく感謝することだというのを忘れてしまう。もしかしたら、自分が気づいていないだけで、勝手に悩み事をつくり出して、大きくしていることも、あるんじゃないかな。

もし、自分ばかりが大変で、つらいと思えてきたら、悩み事を別の視点から捉え直してみるといいよ。さっきの例でいえば、「仕事をさせていただけているんだから、今、これを乗り切っていくのが、自分の役割かもしれないな」とか、「家族のいない人と違って、家族がいてありがたいことなんだから、これを乗り越えていくのが自分の役割なのかな」と考えて、悩みを乗り越えていったらどうかな。

苦しいことがあっても、必ず何かの役に立つんだと思うよ。苦しさがあって、はじめて苦しみがどういうものかを知ることができるんだしね。苦しみがどういうものかを知らないで、最初から楽天的に生きていたら、他人の苦しみや悩みを聞いても、なんで苦しいのか全然わからないからね。

悩みにはまり込まず、別の視点から物事をとらえてみよう

ひたすらがんばってやっていると、悩まなくて済む

頭ばっかり使っていると、いろんなことを考えてしまうから、いっぱい悩みが出てくるよね。頭でずーっと考え事をしているよりも、「体」を使いながら、ひたすら何かをやってみるほうがいいと思うよ。

僕なんかは、学はないし、頭の中はからっぽだから、人から言われることは、「ああそうか。それはすごいなあ。教えてもらって、本当にありがたいなあ」という気になる。

普通の人だったら、何かを教えてもらうと、「でも、これはおかしいんじゃないか」とか、「そんなこと、本当にできるんかいなあ?」なんて思うよね。だけど、

頭の中になんにもないと、「ああそうですか。じゃあ、やりますわ」という気になって、なんの迷いもなく、ただ素直にやることができるんだよ。もともとの知識がないから、悩めないんだな（笑）。だから案外と考え込まずに、スムーズにいってしまうんだ。

もし頭のいい人が、比叡山に来て千日回峯行をしようと思ったら、実行に移すよりも先に、いろいろ考えてしまうと思うよ。

まず、「比叡山に入ってから、回峯行をさせてもらえるのには、どのくらいかかるんだろう？」と考えると、小僧に上がってから、だいたい十年目くらいにならないと、千日回峯行をすることを許されない。歩きはじめてから、回峯行を終えるのに七年、そこからさらに五年間の修行があるから、合計すると全部で二十二年になる。

高校を出てすぐ、十八歳から比叡山に上がっても、千日回峯行を始める頃には三十歳近くになっていて、終わったときには四十歳になっている。

けれど、大学を出て会社に入れば、三十歳くらいで係長くらいにはなれるかもしれないし、四十歳くらいで課長になれるかもしれない。

そうやって、頭であれこれ計算したら、「アホらしい。山なんか歩いていられるかい!」ということになるよね。

だけども、頭の中をからっぽにしていると、「三十年かかるよ」と言われても、「ああそうですか。とにかくやりましょう」という気になってくる。

頭で計算したり、あんまり難しいことを考えたりしていると、悩んでしまって行動できなくなってくるんだ。だから、とにかくやってみるのがいいんじゃないかな。

僕は、一回目の千日回峯行が終わって、「もう卒業かな?」と自分に問いかけたときに、「まだやることが残っている気がするな」と思った。

「じゃあ、何をやればいいんだろう?」と考えても、何も思いつかなかったから、「とりあえず、もう一回同じように歩いてみよう」という気持ちになったんだ。

周りの人からは、「一回やって、飽きずに二回もやったんだから、大変なものを得たんでしょう？」と聞かれるけど、「なんにもなかった」と答えるしかないんだ。毎日同じことをしているだけだから、最終的に千日できたって、何も得るものなんてありゃしない。あるわけないんだ（笑）。ただ、自分が生きていられて、千日を終えたということだけだよね。それ以外には何もない。

だけど、そのほうがすごく気がラクだよ。「すごいものを求めて行をしよう」なんて思ってしまったら、千日終わって、何も得られなかったときに苦しくなるからね。

最初からなんにも求めていないんだから、失敗しようがどうしようが、気がラクなんだ。「絶対に成功させなければいけない」なんて思っていないんだから。千日の行が終わっても、「何も得られないのが当たり前」と思っていると、ラクになるんだ。

人生も同じじゃないのかな？　何かを求めるのではなくて、今日を生きていることに感謝して、一生懸命に一日、一日を生きていこうとする。「最終的に何も得られなくていい」と考えると、すごく気がラクになると思うよ。

結果を求めなければ、
生きるのがラクになるよ

マイナス感情は受け入れてしまえばいい

人間は死ぬまで自分自身とつきあっていかなくてはならないけど、学校でも家でも自分とのつきあい方は教えてもらえない。

心の中には、誰でも多かれ少なかれ闇があって、暗い気持ちや怒りっぽい部分、けちんぼな部分があるものなんだ。そして、自分の闇を見ないようにして、フタをすればするほど、そういう部分は外へ出てこようとするんだよ。無理矢理離れようと思うと苦労をすることになるから、闇の部分とも素直な気持ちでつきあえばいいんだ。

たとえば、誰かに何かを言われると、すぐに落ち込んでクヨクヨ考えてしまう自分や、カーッとなって怒る自分がいるとするよね。そこで「落ち込むな」とか「怒ったらダメだ」なんて自分に言っても、ますますひどい気分になるだけ。

だから、悲しいとか腹が立つという感情はとりあえず受け入れてしまえばいい。そして、落ち込んでいたり、カーッとしている自分に気づくことができたら、「まあまあ、そう言いなさんなよ」と言うもう一人の自分の立場をつくるといいよ。嫌なことが起きて、嫌がっている自分を認めて、それに対して「まあまあ」と言ってくれる自分がいたら、じーっと嫌な気持ちのままでいることから抜け出せるからね。そうやって、嫌な方向へ向いている気持ちを、自分の中心や良い状態に戻すような考え方をしていけばいいんだよ。

頭の中で「こうなったら嫌だ」「こんな自分は良くない」と考えすぎているのは、一人しか入れないお風呂に無理矢理三人ぐらいで入ろうとして、ごしゃごしゃケンカしている状態と同じなんだよ。

無理して入ろうとすれば、必ず誰かが出ていかなければならないからね。だから、素直になって、「今の自分はこうなってるんだ」という状態を認めたうえで、いらない感情は仏様にあげればいいんだよ。

そうして、弱点や欠点を受け入れながら、自分が良いと思う自分になれるように、自ら努力していけばいいんだからね。

心の闇やマイナス感情が出てきたら、素直な気持ちで受け止めよう

お金がなくなったときほど本当はチャンス

明日のことさえ人間にはわからないんだから、あんまり明日のことを考えてもしょうがない。明日のことはわからないんだから、今を楽しんだほうがいいと思うな。

人のことは関係ないから、自分が今日という日を充実させて、「今日は良かったな！」という気持ちを持って過ごしていれば、いろいろ苦しむことはないんじゃないのかな。

今日を一生懸命に生きていれば、不安を感じている暇もなくなるしね。

でも、先のことを考えたり、昔はこうだったから今も同じじゃなきゃいけないとか、これだけのものがほしいとかいう気持ちに振り回されたりするから、苦労するんだよ。

たとえば、リストラされてお金がないときでも、「チャンスは必ず巡ってくる。今は、次に向かうための出発点だ」と思えば、お金も仕事もなくても、元気が出てくるかもしれないよ。

「貧は世界の福の神」ということわざがあるんだけど、貧乏のときには、一生懸命にがんばるから、それが福の神になって、あとで福が来るという意味なんだ。僕は八十年以上生きてきて、いろいろな人を見ているけど、本当にその通りだと思うよ。

貧乏のときにはみんながんばるから、そのあと、良くなっていくんだ。

だから、「ああ、貧乏で嫌だなぁ」なんて思う必要はないんだよ。貧乏するほど、一生懸命にがんばれる。貧乏のときには、「貧乏だから、お金儲けの材料が増えてきたな（笑）」と思っていればいいいんじゃないのかな。

そう思って、将来を楽しみにしながら生きてみるといいと思うよ。

不安なときこそ、考え込まずに行動するといいよ

欲は「忘己利他」の精神でコントロールする

今まで築き上げたものがなくなってしまっても、幸せでいることはできるんだよ。実は、物がある・ないにかかわらず、なんにもなくても、ニコニコッとできる人が一番幸せなんだ。

世の中には物質的に満たされて幸せでも、精神的には暗い影がある人がいるんだよ。大企業の社長や会長なんかは、経済がグラグラッとなってきたら相当神経を使うし、時には寝られない晩もあるかもわかんない。それに、もし業績が下降線をたどっていたら、どうやって下降を食い止めるかで頭がいっぱいになっちゃう。

だから何もないというのは、実は一番気がラクなんだ。たとえば高価な時計を持ってたら、「なくしたらどうしよう」「いい時計だから狙われたらどうしよう」って心配しなくちゃいけない。でも、持っていなければそんな心配はいらないんだからね。つまり、なきゃないで楽しい世界があるし、あればあったで苦の世界があるんだよ。幸せは心の問題だからね。今いるところが一番の楽園だと思えば、ないことを思い悩む必要もないんだ。

だって、今「いいな」と思ったたって、ほんとにつかの間じゃない。お金をもらったり、物をもらったりしても、喜びはその時だけのことでしょ。二～三日経っちゃったら、また違った意味の苦しみが残るよね。

もちろん、より良いものを求める欲も必要だけど、ほどほどにしておかないと、やっぱり困っちゃう状況になるよね。仏教ではいい欲のことを「忘己利他《もうこりた》」と言うんだけど、これは、自分は脇へおいておいて、良いものや楽しみを他人様《ひと》に分け与え、残った物を自分がいただくという意味なんだ。最初に自分で金銀財宝をいっぱいもらっちゃってから、持ちきれないのであなたにあげましょうっていうのはダメなんだな。それこそ一番いけない欲だよ。

一人の人間として、公人と私人の顔をハッキリ分けて、自分の家から一歩外へ出たら公的な人間として、みんなが幸せになることを一生懸命やって、害になることはやらない。こうすれば、欲深くなって悩み苦しむこともないんじゃないかと思うよ。

自分の幸せだけでなく、みんなの幸せも追い求めよう

悩めるのは、命があるから

悩みが多くて困ってる人もいると思うけど、いろいろ悩めるということは、本当はとても幸せなことなんだと思えばいい。悩めるってことは、今、生かされている証拠なんだから、「ありがとうございます」という気持ちを持ってみたらいいよね。

「自分は不幸だ、不幸だ」と言っている人たちは、今、自分が生かされていることに対する感謝の気持ちが足りないし、「生かされている」と考えないから、そういう言葉が出るんだと思うな。

「ありがたいな。自分はこの世の中に生まれてきて、今、生かされているんだな」という心があれば、「自分だけ不幸だ」なんてことは言えないもんな。

この世の中に生まれてきたってことは、仏様から「評価されている」と思えばいいんだ。「この人間は、どのくらいの器量があるか試してやろう」と思われているから、悩みや試練を与えられるんだし、それを乗り越えれば、仏様が「よし。番付をひとつ上げてやろう」と言ってくれるんだと思えばいいんだよ。相撲みたいだけど、試練を乗り越えると、大関にしてもらえて、横綱にしてもらえるんだ（笑）。

人間は、仏様に守られて、大勢の人の中で生きているんだから、つらいことがあっても、「仏様からの試練だ」と思って、感謝の気持ちを忘れないで、がんばってみると、そこから先は違ってくるよ。悩みを乗り越えていくのは、命を与えられて、生かしていただいていることに対する御礼だと思ってみたらいいんじゃないかな。

この世に生まれてきた人は、みんな仏様から評価されているんだよ

すべては
心の持ち方
一つ

第6章

がんばらないくらいがちょうどいい

――ユーモアや遊び心を養う

厳しさだけでなく、遊び心も大事

僕のお師匠さんは、怒るときはすごく怖かったけど、遊び心やユーモアがあっておもしろい人だったよ。

僕は年中怒られていたから、怒られた話にまつわるエピソードはいっぱいあるんだ。

昔、庭先に古い槇《まき》の木があって、それがどうにも邪魔でしょうがないから、僕は切ってしまったんだ。だけどその木は、お師匠さんが大切にしている木だったらしい。

ある時、お師匠さんが、「おい、この頃、槇の木が見えないけれども、あそこにあった木、どこへ持っていったんだ？」と聞くから、「いやあ、あれは……」と言葉に詰まっていたら、「どこかに持っていくのはいいけど、こっちへ戻してまた植えておかなきゃダメだぞ！」と言うんだよ（笑）。

お師匠さんが言うには、昔、植木屋さんが「四五万円を出すから売ってくれ」と言ってきたそうだ。その時お師匠さんは、「金で売るようなものではない。これはご先祖さんからの預かりものだから、絶対に売らん」と言って、追い返したそうだよ。

だけど、今さら「大事な木」だと言われても、もう切ったあとだし、あの時は困って、あわてたね。

それでとっさに、「あの槇の木は、もう切ってしまいました。あれで風呂を焚《た》いてしまいました」と言ったら、「なんてことをするんだ！　風呂なんかに焚きやがって！　いつ焚いたんだ？」と聞いてきたから、「今日焚きました」と答えてね。

そしたら、お師匠さんは、「そうか。それで今日の風呂は熱かったんだな（笑）」と言って許してくれた。

またある時は、お師匠さんが大切にとっておいた酒を、五右衛門風呂に入れたこともあったな。酒ばかり飲んでいてうるさいから、酒をなくしてやろうと思って、五右衛門風呂にダーッと酒を全部入れて、知らん顔をしていた。

お師匠さんは、その風呂に入ったんだけど、自分も酒を飲んでいるから気がつかなかったみたいだ。

風呂から上がったときに、「おい、あそこに置いてあった酒、どうした？」と聞くから、「飲みました」と答えたんだ。そうしたら、「ウソをつけ。この間、一本残してあったのを、俺は知ってるんだ」と言うから、正直に、「いや、今日の風呂へ入れてしまいました」と答えたら、「今日の風呂は、酒風呂か？　それで今日の風呂はいつもより湯が熱いんだなぁ」って言っていたんだ（笑）。そんなおもしろいところが、あったんだよな。

人間は、遊び心やユーモア感覚も、持っていたほうがいいんじゃないかと、お師匠さんから教わった気がするな。

ユーモアは、心のゆとりがあることを相手に伝えるよ

怒られるのも勉強

心に遊びの部分を持つには、心の柔軟性を必要とするんだけど、何かにこだわってしまうと、心の視野が狭くなって物事の捉え方が固定されてしまうんだ。たとえば、人に怒られたからといって、嫌だ嫌だと思い続けていると、相手の嫌な面しか見えなくなってしまうよね。

そうやって偏った見方をしていると、自分の心がバランスを崩していることにも気づきにくくなるから、普段から嫌なことにもいいことにもこだわらないよう、無頓着を心がけるようにするといいよ。こだわらない心を持てば、いつでも心に柔軟性が出てくるものなんだ。

人間だから、一日を過ごしている間に、嬉しくなったり、落ち込んだり、また楽しくなったりと、気分がコロコロ変わるときがあると思うよ。だけど、自分の中心を気分が変わるたびにしょっちゅう動かすんじゃなくて、いつも真ん中を保つために、自分なりに調整していけばいいんだよ。そうすることで、物事を中庸に見るクセがついて、遊びの部分ができてくるはずだからね。

そして、ユーモアや遊び心を養うには、いろいろと試しながら、バランスをうまくとっていけばいい。

たとえば、ちょっとふざけてみたり、人にいたずらをしてみたいなと思ったら、とりあえず何度かやってみるんだよ。本当に悪いことをしたなと思ったら、相手に「すまーん」とか「すまんなー」なんて言って謝ってみる。

仮に、「おまえ、ここへ来てちょっと座れ」なんて言われたとしても、その時は素直にそこへ座ってお説教をくらえばいいんだ。そして「おまえも悪いことしたとわかるんだろう」と言われたら、「そうです。そうです」と返事をすればいいんだよ。

お説教を聞きながら、この人が怒るのも無理はないなと思ったら、心の中で自分の行いを反省して、今後はさっき言った言葉を使わないほうがいいなとか、こういうことはしないほうがいいなどと思って、行動を修正していけばいいんだからね。

怒られないと、どれくらいまでなら許されて、どこからがダメなのかという加減がわからないから、怒られたときは反発しないで相手の話をちゃんと聞くことだよ。しっかり話を聞きながら、「そうです。はい、ごもっともです。そうですね」と言っていれば、相手は「いい加減なやつだな」と思うかもしれないけど、自分にとってはいい勉強になるよ。

ちゃんと話も聞かずに「はい、はい」なんて言っていたら、また同じことを繰り返すし、「怒られたら、またまじめな顔してれば済むんだ」なんて思って返事をしたら、それはインチキな言葉になってしまう。「はい」と返答をするということは、自分がそれに納得したことになるんだから、責任を持って自分の行いを修正しなくてはならないんだ。

だから、いろいろといたずらをしてみて、相手に怒られてしまったら、ちゃんと相手の話を聞いて、いい加減とはどういうものなのかを学び、やりすぎたことは正しながら、自分なりに行いのバランスをとっていけばいいんだよ。

人間にとって遊ぶことは、仕事や勉強を一生懸命するのと同じくらい大切なことなんだ。良い遊びは、仕事や勉強の糧《かて》となるからね。

ただ、同じ遊びでも、仕事や勉強の害となるような遊びはやってはダメなんだ。

たとえば、家族から「お父さん、疲れてるならストレス解消にパチンコへ行ってらっしゃいよ」と言われて行くならいいけど、家族に隠れてパチンコをやったり、嘘をついてパチンコ代をせしめていたら、そのうち取り返しがつかなくなるからね。

最初はちょっとした気の緩みから悪い遊びをしてしまうんだけど、たいていの場合、それがだんだんだんだん、大きな穴ぼこになっていくものなんだよ。

だから、気を緩めすぎず、かといってがんばりすぎず、うまいこと良い息抜きをしながら、遊びの部分をつねに心に確保しておきたいね。

怒られることで、「いい加減」の度合いを学ぼう

頭の中に空間をつくれば、余裕や自由な発想が生まれる

今の若い人たちは、自分を認められなかったり、自分のことが好きになれなかったりして、自分のことを肯定できずに悩んでいる人が多いようだね。そうなってしまう原因は、一生懸命勉強しすぎてしまって、心に遊びの部分や余裕がないからだと思うよ。

勉強した知識を自分でちゃんと消化できればいいんだけど、自分がこなせないぐらいの知識量を頭に詰め込んでいると、どうして使ったらいいかさっぱりわからなくなってしまうんだ。

たとえば、コップの中に水が入っているとするよね。コップの十分の一ぐらいに

水が入っているときは、水の上に十分な空間があるから、コップをグルグル回しても中の水はこぼれずに自由に動くことができる。だけど、コップいっぱいに水が入っていたら、ちょっと動かしただけでもこぼれてしまうよね。それと同じで頭の中に知識を入れすぎると、固まって活用できなくなってしまうんだ。

それに、たとえば、頭の中の図書館に知識が本になって置いてあるとする。余裕のある人は困ったことがあっても、「今の問題にふさわしい本が本棚の三段目にあるから、あれを引っぱってきて読もう」と思えるよね。だけど余裕がないと、本棚を見ることすらしないで、問題ばかり見つめているんだ。そうなってくると、物事を柔軟にとらえることができなくなるし、いい発想も浮かばなくなってしまうんだよ。

頭の中に知識を詰めすぎて、身動きが取れなくなってしまったときは、今ある知識のうち、どれなら自分の力で使いこなせるのか、どういうことなら自分なりにアレンジしていくことができるのかを見定めて、詰まった知識を淘汰《とうた》すればいいんだよ。今の現実に必要でない知識を頭の中からはずしておけば、空間ができた分だけ心にも余裕が生まれるし、使いこなせる知識があると自覚すれば、それは自信にもつながるからね。

人から何かを学ぶときは、全部を吸収するのではなく、自分が運営できる範囲の知識を拝借して、それ以上のことはやらなければいい。そうして、自分のできる範囲をどんどん広げていけばいいんだ。できることを伸ばさないで、ただ知識を積み込んでいっても、結局は使いこなせない知識が山積みになって、心に余裕がなくなってしまうからね。

僕なんかは、大人になってから仏教を学びはじめて、一生懸命勉強したんだけど、そのとき頭の中が空間ばかりだったから、知識が入ってくれば入ってくるだけ自分の役に立ったんだ。頭の中に余裕があると、いろいろ自由がきくから、いくらでも自分でこなしてしまうことができるわけだよ。

なんでも生《き》まじめに考えてしまってユーモアがない人たちは、知識や欲、執着など、いろんなものが頭の中に入りすぎてしまっているから、ゆとりもユーモアも持つことができないんだよね。

少しでも隙間をあけることができれば、なんとでも発想を変えることができるようになるし、自分を肯定したり、自分を好きになるような物の見方ができるんじゃないかと思うよ。

頭の中に、知識を自由に動かせるだけの隙間をつくろう

自分だけいい思いをしようとしてはいけない

人間というのは、だいたい自分の都合のいいように生きているから、自分にとって都合のいい言葉を聞いているときはニコニコするけど、都合の悪い言葉を聞くと腹を立てるものなんだよ。

たとえば、旦那さんが家に帰ってきた途端、嫁さんから「帰りが遅すぎる！」と小言を言われたら、旦那さんは「俺は一生懸命働いてるのに、なんでそんなことを言われないといけないんだ」と思って、きつい一言を言ってしまうかもしれない。

そうすると嫁さんも腹が立って、パーンと反撃してしまうから、お互いさらに火花を散らして、気がついたときには冷戦に入ってしまうわけだよ。

中立の立場に立つ第三者がその場に居合わせれば、途中で「まあまあ」と言ってくれるけど、家で夫婦ゲンカをしているときは、そうはいかないからね。

夫婦といえどもそれぞれ違う人間なんだから、お互いの違いを認め合うためにも、言いたいことはきちんと伝えて、二人が納得できるルールをつくっておけばいいんだ。それは夫婦だけでなく、家族や友達関係でも同じだよ。

もちろん、言いたいことを言うにしても、言葉の選び方を間違えると相手を怒らせてしまうことがあるから、自分が言おうとしている言葉の意味をよく考えてから、ものを言う必要があるよ。

それから、自分だけがいい思いをするためのルールは、相手への思いやりのかけらもないから、当然相手の怒りを買うことになるよね。たとえば、ある家では家計をやりくりするのは、嫁さんの役割だとするよね。すると、大蔵大臣（現・財務大臣）の嫁さんが無駄なお金を使わないように倹約して、旦那さんは旦那さんで一生懸命働くわけだ。

だけど、倹約をする目的が、嫁さんが一人でどこかへ遊びに行くための費用を貯めることだったとしたら、それを知った旦那さんは怒るよね。一生懸命働いて家へ帰ると嫁さんの姿がなくて、食事の用意もされてなくて、「友達と一緒にホテルへ行って、おいしいものを食べていた」と聞かされたら、旦那さんは当然腹立つだろう。

逆に、嫁さんが一生懸命家計をやりくりしながら、子どもの教育や家事をしているとするよね。疲れて帰ってくる旦那さんに、元気が出るものを食べてもらおうと思いながら夕飯を作っておいたのに、旦那さんがどこかのバーへ行って「あそこは良かったぞ！」なんて言ったら、途端に大戦争になってしまう。

思いやりを意味する「恕《じょ》」という字と、倹約を意味する「倹」という字を合わせた「恕倹《じょけん》」という言葉があるんだけど、家庭でこの言葉を実行していくとしたら、目的は家庭をより良くするためということになるよね。昔から、思いやりのある倹約の仕方をしていれば、家の中は安泰だと言われているんだよ。

一見、けちんぼのように見えても、長い目で見て家を安泰に保つためには倹約が必要なら、進んでやっていけばいいんだ。「この倹約は自分のためにやってるのではなくて、子どもの学費のためにしてるんです」とか「お互いの老後のために、少しずつ積み立てていきましょう」という理由なら、夫婦で納得できると思うよ。

揉めるということは、何かしらの原因が必ずあるんだ。ケンカしたときは、「なぜこういうふうになったのか」ということを冷静に分析して、みんなが穏やかで幸せに過ごせる道へ軌道修正していくことが大事だと思うよ。

相手への思いやりを忘れなければ、揉めごとは起こらないよ

「いい加減」は「良い加減」

人間、四角四面で生まじめな人ほど、予想外のことが起こるとポキッと折れてしまうよね。物の考え方が杓子《しゃくし》定規で余裕がないから、うまく対応できないんだよ。

そういう人は、みんなに迷惑をかけない程度の、いい加減な人間になるのがいいんだよ。あんまり四角四面でやっていたら身動きが取れないし、緊張する必要がないときでも、いつも緊張していなくてはならないからね。余裕を持っていると、緊張せず、自由にいろいろと動くことができるんだよ。

いい加減というのは、「何もしない」「どうでもいい」と言って悪い加減に生きているのとは違って、物事を判断するときに、ほど良い加減をする余裕がある状態なんだ。だから、不測の事態が起きても、天秤の重りが右に行けば左のほうへ行ってバランスをとるし、左のほうへ行けば右に行ってバランスをとるというように、物事の流れや動きに逆らわないで自然に生きることができるんだよ。

いい加減な生き方をすることで、周りの人から「あいつはいつもいい加減だな」とか「あれは都合のいい返事ばっかりしよる」と言われるかもしれない。だけど、自分の信念をちゃんと持ったうえでいい加減に生きている人は、いつの間にかそういう生き方として受け入れられるから気にすることはないんだよ。実際、人のことをとやかく言っている人が完全な人間とは限らないし、批判の対象となっている人以上に悪い人もいるからね（笑）。

人間というものは、他人事だとある程度無責任にいろんなことを言うものなんだ。それを真に受けて全部言うとおりにしていると、どうしたらいいかわからなくなってしまうよ。相手が無責任な発言をしているなとわかったら、軽く受け流してしまえばいいいんだよ。

自分の信念を持ちながら、いい加減に生きよう

休むことは、必要なこと

会社勤めをしていると、体調を崩しているにもかかわらず、休むことに罪悪感を持つ人もいると思うよ。だけど、体調を崩したときは早いうちに休んだほうがいいんだ。

体調が悪いのに、無理をして目いっぱい働き続けたら、ボロボロになって使いものにならなくなるかもしれない。それはもったいないことだし、長い目で見たら、短期間休んで回復したあと、ちゃんと会社にご奉公できたほうがいいんだよ。そっちのほうが結果的にはみんなに迷惑をかけずに済むんだからね。

自分を過信するからついつい無理をしてしまうんだろうけど、治すべきは治さないと、あとで取り返しのつかないことになることもあるからね。休んでいると人よりも遅れてしまうと焦ることもあるかもしれないけど、休んだあとにまた続けられればいいんだよ。

たとえば、僕が書を書いていて疲れているなと思っているときは、いくらがんばって書いても誤字になるし、はかどらないんだ。そんなときは体力を回復しないといけないから、ごろーんと一時間か二時間休んでみるんだよね。すると、じわじわ体力が回復してきて、また自分の思うように気持ちと体が動くようになるんだよ。

多くの人は目先のことにとらわれて休みなしでやっているから、おかしくなってしまうんだ。

交通事故だってそうだよね。それぞれがきちんと法律に則った行動や運転をしていれば、事故なんて起きないんだよ。時速八〇キロメートルのところを一二〇〜一五〇キロメートルで飛ばせば事故が起きるのは当たり前だし、人が横断歩道を渡っているときに無理に前へ進もうとすれば危ないのは決まっている。そういうときは無理をしなければいいんだよ。

それなのに、「これくらいなら大丈夫でしょう」とボーンとやってしまうから、ひっくりかえったりするんだ。

目先のことばかりにとらわれて、せかせかしないためには、呼吸を意識しながら体で心の安全性を考えるクセをつければいいんだよ。たとえば、朝起きて「今日も元気にがんばります」と仏様に挨拶をして、お線香を一本あげる。お線香の火が絶えるまでじーっと座って落ち着いていくのを待つクセをつけていれば、荒っぽい生活はできなくなるんだ。朝、起きた途端に、タッタッタッタッと慌てて行動するから、えらいことになってしまうんだよ。

だから、どんなことでも自分で余裕をつくらないとダメなんだよ。どっかへ行きましょうと誘われて、暇になったら行きましょうと言っていたら、いつまで経っても行けない。自分で積極的に時間をつくらなければ、いつまで経っても暇にはならないんだからね。余裕を自分でつくれるような、幅のある人間にならないといけないよ。

意識して
休息や余裕をつくるようにしよう

「夢」と「現実」は表裏一体

僕の生き方が変わったのは、二人の先生のおかげなんだ。一人の先生は、僕に「東西南北、何しに来たか」という問題を出して、なんのために生まれてきたのか、いつも自分で考えることを教えてくれた。次に師事したもう一人の先生は、大局的に物事を見る大切さを教えてくれたんだ。

それ以来、僕は単純だから、何かを見たり何かをしたりするたびに「なんのためにこれをやってるのかな？　相手は何を思ってこんなことを言ってるのかな？」と絶えず自問自答しているんだ。そういう習慣がすっかり身について、クセになっているんだね。

今までずっと自問自答しながら生き方を研究してきた結果、生きるためにはお金を稼ぐとか、いろんな行動をして現実的な対策をしていくことも必要だけど、何事も「長い目で見たら、今やっていることはどんな意味があるのかな？　自分にとって必要なことかな？」と考えてやっていけばいいということがわかったんだ。

今の自分では手の届かないような夢を持って、それを実現させようと思ったら、一筋縄ではいかないし、道に迷うこともあると思うよ。だけど、目標はつねに見えているんだから、横道にそれても、迷子になっても、自分をグッと元いた道へ引き戻して、黙々と進んでいけばいいんだよ。

「表裏一体」という言葉があるけど、それを人生に当てはめるとしたら、長期的な目標や生き方を掲げて、それを実現させるために動いていくことが表で、現実的な生活を成り立たせることが裏となって、表も裏もひとつという意味になるんだよ。

みんな表裏一体の意味は知っているけど、裏の世界からもう一歩踏み出して、大局的な人生の目標を実現させるために行動することができず、現実の世界だけに留めてしまっているんだよ。

だけど、物事というのは、一点に固まってしまったらダメなんだ。現実だけにとらわれても大きなことは成し得ないし、理想ばかりにとらわれても、現実が立ち行かなくなるからね。

表の世界も裏の世界も、両方細かく細かく分析していけば、どちらからも離れることなく、前へ進んでいけるんだ。表と裏のバランスを自分でうまくとっていければ、いい人生を送ることができるんじゃないかな。


夢を実現させたかったら、大局的な目標と現実的な生活の両方をバランスよく見ていこう

嫌なことがあったときこそ笑ってみる

昔から、「笑う門には福来《きた》る」と言われているくらいだから、どんなときでもニコニコしていたほうが、誰にとってもいいことだと思うよ。

あんまり笑いすぎて顎《あご》が外れちゃったらダメだけど、怖い顔をして一日過ごすのと、ニコニコして一日過ごすんだったら、ニコニコして過ごすほうがいいよね。何を見ていても、楽しい、ほほ笑ましいという感覚を自分でつくってしまうといい。

嫌なことがあって笑えないときでも、笑ってしまったほうがいいんだ。「笑えないこと自体が、おかしなことなんじゃないかな」とか、「なんで、こんなことで自分はしかめっ面《つら》しているんだろうな」と思って、自分を笑ってしまえばいいんだ。

それが難しかったら、おもしろかったことを思い出して、一人で、うにゃ、うにゃと笑うのもいいんじゃないかな。昔、自分がスカタンやったときのことでも思い出して、笑えばいいんだと思うよ。僕にも、スカタンやった話は、なんぼでもあるんだ。

中国へ行ったとき、はじめてホテルというものに泊まったんだ。一緒に行った人は、僕がなんでも知っているだろうと思って、「阿闍梨さん、部屋、ここだから」と言ってくれただけで、あとは自分の部屋へ行ってしまったんだ。

部屋に入ってから、ホテルの人が布団を敷きにくるのをずーっと待ってるのに、いつまで経ってもこない。日本にいるときは、いつも旅館に泊まっていて、旅館の人が布団を敷きにきてくれたから、ホテルでもそうしてくれるものだと思ってたんだ。

一緒に行った人に電話をして聞こうと思っても、部屋の番号も聞いてなかったから、どうしたらいいのかわからなかったんだ。あの時は、本当に参ったな。

中国の人に怒られてしまうけど、「いつまで経っても布団を敷きにこないし、こんなフワフワした高いところで寝かされて参ったな。中国はサービスが悪いな」と思って、ベッドの上に寝っころがって待っていたら、朝になってしまったんだ。

部屋のインターホンがピンポーンと鳴ったから、ドアを開けてみると、一緒に行った人がいて、「よく眠れた？」と聞くんだ。だから僕は、「眠れたも眠れないもない、ひどいよ、このホテルは」と言ったんだ。

「どうしたんですか？」と聞くから、「布団も敷きにこねえから、わしはこの上で、そのまんま寝っころがってた」と言ったら、「え？　ホテルはこのベッドで、こうやって寝るんですよ」と、ベッドの使い方を教えてくれたんだ（笑）。

一緒に行った人たちの中には、悪ふざけするのもいて、「あのな、阿闍梨さん。僕らんとこは、布団敷きにきたで（笑）」なんて言うのもいてな。みんなで大笑いしたんだよ。そんなことを思い出すと、今でも、おかしくなっちゃうね。

そういうことを思い出すと、おかしくて、おかしくてしょうがなくなる。人生には、みんな、そういうスカタンをやってることがいっぱいあると思うんだよ。それを思い出せば、自然に笑顔が出てくると思うよ。

人から、「この人は、なにニヤニヤしているんだろう」と思われたっていいんだから、自分のスカタンを思い出して、勝手に笑ってしまえばいいんだよ。

そうやって、いつも明るくしていると、気持ちが沈んでいても、淋しくて仕方ないときでも、だんだん明るくなるんじゃないかと思うよ。

笑うことは、
沈んだ気持ちや淋しさを晴らしてくれるよ

第7章

出会いを生かして

――年配者・経験者の言葉に学ぶ

どんどん旅をしたほうがいい

旅をするのは本当に楽しいことだから、旅をする機会があれば、自分の知らないことを、いろいろ味わってくるといいと思うよ。世界を旅すれば、異文化に触れて、さまざまな体験ができるからね。

僕も、これまでいっぱい旅をしたんだ。

「どこが楽しかったですか?」と聞かれるけど、僕は、行ったところは全部好きになってしまうから、全部よかったな。

ローマへ行ったときは、ローマ法王のヨハネ・パウロ二世に、特別にお会いできたんだ。僕は行者として行ったから、ホテルで回峯の格好に着替えて、バチカンまで行ったんだ。

そうしたら途中で、外国の中年女性が、「サムライが来た」「サムライ、サムライ！」と言って、興奮した様子で、近づいてきたんだ。

僕は「ダメですよ」と言って断ってるつもりなんだけど、お互いに言葉がわからないから、その人はどんどん隣にきてしまい、結局、無理やり並んでいるところを、写真に撮られたんだよ。一緒に行った人たちが、いまだに、「あの突進っぷりは、すごかったねぇ」と言っているくらいで、あれにはホント参ったね（笑）。

法王さんは、謁見に訪れるどの民族のことも大切にしてくれて、民族衣装での謁見も歓迎してくれるんだけど、民族衣装で行く場合、事前に許可をもらっておく必要があることを僕は知らなかったから、許可がないまま行ってしまったんだ。

すると、バチカンの入り口にいた、門番をしているスイスの衛兵に、「保安上、杖と短刀を置いていってくれ」と言われたんだ。僕は、「杖と短刀を持ったこの格好が正装なんだから、杖と短刀がないと、行者ではなくなる。なんのためにここにきたのかわからない」と言って、三十分くらい押し問答した挙げ句、ようやく中に入れてもらえたんだ。

行者の格好をして、のこのこ大ホールの中に入っていったら、一万人くらいの大勢の人がいたんだ。後ろのほうで拍手が起こって、みんなが立ち出したから、「誰か偉い人が来たんかいな?」と思っていたら、みんなこっちのほうを見ているんだ。毛色の変わったのが来たから、びっくりしたんだろうね。

法王さんに、お土産としてダルマをあげたら、「なんですか? これ?」と、びっくりしていたよ。

「日本では片方に目を入れておいて、願い事が叶ったら、もうひとつの目を入れるんですよ。法王さんの世界平和の願いが叶ったら、目玉を書き入れて下さい」と言って、通訳してもらって、置いてきたよ。今、あのダルマは、どうなっているんだろうなあ。

海外へ行くと、日本文化の良さも再発見できる

自分の目で確かめてみないと、わからないことがある

イタリアのアッシジにあって、世界遺産にも登録されている、サン・フランチェスコ教会にも行ったよ。教会を訪れた日は、ちょうどカトリック派の世界平和会議が開催されていて、三〇〇人ほどのカトリック派神職の人たちが、会議に出席するために、世界各地から来ていたそうだ。

僕は、日頃から世界が平和になってほしいと思っていて、回峯中は、毎晩、比叡山の玉体杉で、皇居のほうに向かって、「国家の安穏」や「世界の安穏」を拝んでるから、「世界平和」と聞いて、黙っていられなくなってね。

だから、サン・フランチェスコ教会でも拝ませてもらおうと思って、その場でワ

ーッとお加持を始めてしまったんだ。周りの人たちは慌てふためいて、パニック状態になっていたな。

だけど、お加持が終わったあと、総長さんがのこのことやってきて、「ありがとうございました」と言って、手を出してくれて、握手をしたんだよ。総長さんはとても喜んでくれて、食事会に僕らを招待してくれたんだ。

食堂へ行くと、総長さんの周りには、ガッチリした大きい体格の神父さんたちがズラッと並んでいたよ。食事会でなによりもびっくりしたのは、食事の量が、どれもこれも、大量なんだよ。ワイングラスも、ものすごく大きいし、野菜もどっさり盛ってくるんだ。

「この山盛りになってる野菜を、どうやって分けるのかな」と思っていたら、「これで一人分です」と言われたんだよ（笑）。みんな、それをペロリと食べてしまう。スパゲッティもすごい量で、今までに、あんなものすごい量の食事を見たことなかったから、食観の違いを見たね。

最近では、南フランスの有名なニース、コート・ダジュールへ行ったんだけど、僕は現地へ行くまで、あそこは砂浜だと思っていたんだ。だけど、行って見てみたら、石ころの海岸だった。要するに、河原みたいなんだよ（笑）。想像してたのとは全然違って、石ころの上に、みんな海水浴姿で寝ている。「よくまぁ痛くないのかなぁ」と思ったんだけど、みんな平気で日光浴をしているんだ。

実際に自分の目で見てみないと、現場がどんな場所なのかわからないんだ、ということがよくわかったよ。やっぱり、実際に見てみないとダメなんだ。

自分で現地まで行って見てきたから、こういう話もできるんだよね。聞いていただけの話と、自分で見てきたものとは違うからね。自分で体験したことは、身にしみてるから、話をしたときもみんなが一生懸命に聞いてくれるんだ。

外国に行けば、おもしろいことも、不思議なことも、いっぱい体験できるから、若い人は、国内で留まっていないで、どんどん世界を見てくるといいんじゃないかと思うよ。豪華な「大名旅行」じゃなくて、リュックを背負って、行ってきてほしいな。そうすれば、実践の中で語学も自然に学べると思うしね。

どんな人でも、旅行すれば、「世界中すべての人が、自分のお師匠さんだ」と思えるんじゃないかな？　語学以外にも、さまざまなことをたくさん体験して、勉強して、考察することができるからね。

今、世界の動きがどうなっているのかとか、世界の中で今の日本の位置づけがどうなっているのか、なんてこともわかるし、日本の良さもあらためてわかるしね。日本に住んでいるありがたさも、きっと実感できると思うよ。


「百聞は一見に如かず」というのは真実だよ

自分と違う感覚も、腹を立てずに楽しむ

ＩＣチップ入りのパスポートは、本当に便利なんだ。ポンと置けばサッと通り抜けられるから、早いんだよね。僕は、しょっちゅう東南アジアに行ってたときがあったから、入国審査を通るときの要領だけはわかってるんだよな。顔を見られると、言われるより先に、すぐにメガネをはずしたり、帽子を取ったりして、あっちゃこっちゃとやっちゃうんだ。

一度、韓国で入国審査を通るときに、すごく時間がかかったことがあったよ。韓国と中国との関係が険悪だった頃で、僕は当時よく中国に行ったり来たりしていたんだ。ある時、韓国に用事があって行ったんだけど、入国審査の人は、僕が中国に

頻繁《ひんぱん》に行ってたから、なんかやってるんじゃないかと思ったんだろうな。パスポートをコンピュータにかけちゃって、なかなか返してくれない。ほかの人はトットッと出ていくのに、僕だけボックスの前でじっと待ってたんだ。そのことを韓国の人に話したら、「何を考えてるんだ」なんて、怒ってたことがあったな。

それと、昔、台湾の入国審査でもひどい調べ方に遭ったな。僕の顔を見て、メガネをはずせ、帽子を取りなさいと言って、それが終わったら、靴を脱いで、今度は、服を脱げというわけだ。作務衣の下は下着しか着てなくてね。何もしていないのに、あれには参ったな。あの時も、台湾と中国との関係が悪かったときで、中国にしょっちゅう行ってたんだ。だから、しつこく調べたんだろうな。

そんなことがあって、場慣れしてるから、出国時のセキュリティチェックでは、ベルトをはずして、わざわざ時計もはずしちゃって、メガネまではずすんだよ。そこまでやっちゃったら向こうは大丈夫だと思うのか、何も言われないでツッツッと行けるんだ。

モナコに行ったときも、ちょっとした事件があったんだよ。セキュリティチェックを通り過ぎたあと、一緒に来ていた人のパスポートがなくなっちゃって、大丈夫かなと心配してたんだ。慌ててX線検査のところに戻ったら、係の人が「これかー!?」って顔をして、ニヤリと笑って、パスポートを見せてたんだな。

フランス人は、自分の仕事以外はやらないっていうところがあるんだよな。たとえば、決められた仕事をやってるとする。そうすると、今、私はこの仕事をしてるから、よけいなことは言わないでください。今やってる仕事が終わってから、ほかの話をしましょう、という具合なんだ。だからパスポートをお客さんが忘れても、今、私はこっちの検査があるので、落とし物はここに置いとくから、気がついたら取りにいらっしゃいということなんだな。日本人だったら、「ちょっと、ちょっと」と教えてやるけど、フランス人はよけいなことはやる必要がない、というわけだ。

国民性でいうと、アメリカ人は、自由を通り越しちゃってる人が多いんだな。アメリカで講演をしたとき、聞く人たちが勝手に、自由なスタイルで話を聞いていいですって決めちゃってね。寝っ転がったり、デーンと大の字になったりしてて、話が聞こえているのか、聞こえていないのかわからない。しゃべりづらくて、参っちゃったな。あれには、恐れ入ったよ。日本ではちょっと考えられないね。

「俺の話を聞くのに、座って聞かないとは何事だ。バカモン。俺は嫌だ」と言って、終わりにしちゃうこともできたけど、せっかく来たんだし、イライラして怒ったってなるようにしかならないんだからね。だから、「僕の話を子守歌のつもりで聞いて、うとうとしてて、癒しじゃないけど、これで一息ついたわ、なんて思ってくれたら、それでもええやな」と思って、話したんだ。

その一方で、アメリカは、世界中からいろんな人が来てるから、気さくな人が多いんだな。自由の女神を見るために、リバティ島行きの船に乗ったんだけど、その時は同時多発テロがあったあとだったから、船に乗るときも持ち物検査を受けたんだな。乗り場には、人がものすごくいっぱい来てて、とにかくズラーッと並んでたから、検査に時間がかかったんだ。日本人は、ずらっと列で並んで他人と一緒になっても、黙っててあまり口をきかないよな。だけど、その時周りを見てたら、あちこちでペラペラしゃべってるんだ。「この人たち、よく知ってる人同士で並んでるのかな」と思ったら、全然知らない人同士なんだよ。

そのうちに、台湾から来てるおばちゃんが僕のところへ来て、「ジャパン？　ジャパン？」なんて言うから、「ジャパンじゃない、日本人」って笑いながら言ったの。そしたら、ケラケラッと笑って、「日本、日本。ハハハ。東京行った。東京行った」なんて言ってね。そのおばちゃんは器用な人で、今度は後ろを向いちゃって、ほかの人と英語でしゃべってるんだ。そして、さらに前の人を飛び越えて、別の人のとこへ行って、なんかしゃべってるんだね。あれは、おもしろかったよ。

アメリカでは、思いついたら、みんな気さくにしゃべるんだな。いいことだよね、隠しっこなしで。やっぱり、いろんな人種の人間がいるから、いろんな感覚の人たちが集まってるんだな。

世界中、
いろいろな国民性があるんだね

多くの人と会うと、地球規模の考え方ができるようになる

今まで、日本の国内をうろうろして、次に中国に行って、中国から欧州に行って、今度はアメリカにも行ってきた。だから、海外のおもだったところへは、ポツン、ポツンと、だいたい行けたんだ。あちこちでいろんな珍道中をやってるんだけど、エジプトでは、風呂を洪水にして大騒ぎしたことがあるな。

日本の風呂のつもりで、お湯をためてたから、湯船がいっぱいになってもあふれたお湯はサーッと排水口へ流れてくれると思ってたんだ。だけど、エジプトでは、お湯が外へ流れず、どんどんたまっていったんだ。そんなの知らずに、風呂へ入ろうと思ってドアをバッと開けたら、ジャジャジャジャーとお湯が出てきて、ブワーッと

床にたまっちゃったんだな。フロントまで行ったんだけど、アラビア語も英語もわからない。部屋はえらいことになっちゃってるし、慌てちゃって、もう大変だったんだな。

係の人が部屋を見にきてくれて、部屋の中を歩いたら、じゅうたんからジュブッ、ジュブッと音がしたんだ。すぐに掃除する人たちを呼んで、大きなバキュームのようなもので水をビューッと吸い込んで、三人でタオル五枚ぐらい持ってペタペタやって乾かしたんだな。それで、「シミも何もないと思いますから、二、三日様子を見たら、大丈夫とちがいますか」って言われたんだ。

乾燥してなかったら、張り替え作業をするから営業できなくなる。そうすると、張り替えの費用、損害賠償と営業権、部屋代を一週間分加算するから、へたしたら日本に帰れないぜ、なんて脅かされちゃってね。だけど、外へ出かけて夕方帰ってきたら、ちゃんと乾いてたんだ。それが教訓になって、ホテルに着いたらまず最初に風呂へ行って、水が流れる溝と吸い込み口があるかを確認して、それから荷物を下ろすことにしてるんだよ。

モナコでもびっくりするようなことがあったな。夜、外を歩いてたら、車が前から猛スピードで来てね。それをよけようとしたときに、段差に気づかなくて、つまずいちゃったんだ。相当な勢いでカーッと倒れていったんだけど、その時に体がふわっとなって、とっさにひっくり返っても、打ち身もないし、ケガひとつしなかったんだ。

毎日歩いてることによって、ケガをしない倒れ方が自然と身についちゃったんだな。だから不慮の出来事に遭ったときにも、パッと体が反応したんだね。倒れてもゴムマリみたいになって、そんなにケガしないんだ。僕と同じ歳の人だったら、頭打ってるか、骨折してると思うし、時と場合によったら救急車を呼んでたと思うよ。

毎日、山や、自然、日本、世界を歩いていると、地球を歩くという感覚になってきて、地球規模の物の考え方になってくるんだな。だから、なるべくいろんな人とふれあうようにしているんだ。言葉はわからなくても、やっぱり通じるもの、わかるものがあるからね。

よその国に行くと、その国それぞれの動きというものを、自分の視点で知ることができるんだよ。平和な国でも、人々の心が、本当の意味でどこまで平和か、どこが不安か、見えてくるんだな。

そうすると、金持ちは金持ちでいいけど、物を食べられない人々が人間並みの生活ができるようなシステムをつくるように、世界中の人が協力してやるべきじゃないかと思う。いろいろな問題があるけど、最初に、貧しい人たちが、どうしたら普通に暮らせるようになるかという問題を解決してはじめて、核とか、ほかの問題をどうしようかと話し合うことができるんじゃないかな。

泥水しか飲めないようなところでは、植林をして砂漠を緑地にするとか、緑地に水を引いてあげるとか、大気から水を呼ぶような植林をするとか、そうやっていけば、またみんなの生活が潤ってくる。そういうとてつもないことを、人間は考えることができるんだよ。

それでも、無知な人間が緑地を焼いちゃったり、薪《たきぎ》にしちゃったりすることもある。そうすると教育が必要になってくるんだ。最低限のことはできるように、わかるように、地球の人たちがみんなで教育をしてあげれば、どうしたらいいかわかってくる。そうすれば、いろんな生命も蘇ってくるよね。

地球上の命あるもの、呼吸しているものすべてが助かる方法を、みんなで考えて実行していくことができるんじゃないかと思うよな。自分一人で考えてもどうにもならないけども、そういう人たちがだんだん、だんだん結集していって、はじめて大きなものになる。最初はひとつのものでも、それを組み合わせていけば、大きな力になるということが、現実にたくさんあるんだからな。

だから、地球規模の問題、貧困や温暖化の問題だって、世界中の人々が心を改めれば、良いほうへ変えていくことができると思うんだ。戦争の仲介とか、ケンカの仲裁ばっかりやってないで、地球で自分たちは暮らしているんだから、みんなで協力すればいいんだよね。

困っている国々の生活水準を持ち上げてあげるとか、砂漠が広がっていくのをみんなで止めるとか、水が氾濫しないように運河を造って、水のないところへ引いていくとか、水位が高くて地面が低いところの堤防を高くするとか、雨季になると洪水になるところは、ポンプで海にジャーッと流すような装置を作るとか……。地球を大切にしようとすれば、いろんなことができると思うよ。

「そんなことを言うなら、おまえやれ」って言われても、できるわけないんだけど、偉い人たちや科学者が集まってやればできると思うんだ。一人ひとりができることをやっていけば、みんな幸せに、楽しく生きていられると思うよ。

一人ひとりができることをやって、みんなで協力していこう

人が喜んでくれたら自分も嬉しい

僕はしょっちゅうどこかに出かけていくんだけど、お寺のみんなは、僕がいなくても、いるときと同じように一生懸命仕事をやってるんだ。普通だったら、上の人が旅行に行ったら、親父さんがいないから羽を伸ばして一服しようか、なんてなるよね。それで、上の人は帰ってきてから、「あのやろう、何をやってたのかな。これをやってなかったら、すぐに叱って……」と思うこともあるわな。

僕はどこかへ行くと、その時、些細なものでも、必ず何か買ってきて、みんなに「これ、あげるわ」とやっている。そうすると、「お土産をありがとうございました」ってニコニコして、ちょっと下がってペコンと頭を下げるんだよな。そんなの見てると、こんなに喜んでくれるんだから、どこかへ行ったら、また何か買ってこようかな、という気持ちになるんだね。

みんなに喜ばれるということは、自分も嬉しいし、仕事に行った甲斐もあるよね。だから、安心して出かけられるし、安心して仕事も任せていられる。なんか知らないけど、いつの間にか、みんな家族の一員になったつもりになるわけだよ。

僕がそういう気持ちになってるのは、僕はお師匠さんの家で世話になったからなんだ。学校に行ったりしてたんだけど、その時にお師匠さんの家には子どもが五人いたんだな。お師匠さんの奥さんは、お正月とか、お盆のときに、僕たち小僧の分まで、手で着物を縫ってくれたんだよ。それで、お正月近くになると、「お正月にこれを着なさいよ」と着物をくれたんだ。それがものすごくありがたかったの、嬉しくてね。今でも、その嬉しかった気持ちが残ってるんだな。

普通だったら、小僧なんていったら下働きだから、自分のとこの子どもとか自分のことを優先して、下働きのために何かやってくれやしないよね。逆に、用事があるときにこき使って、挙げ句の果てはやり方が悪いとか、怒るのが関の山だよな。だけど、僕には、お師匠さんの奥さんの真心が心に残ってるからね。人に何かをしてあげると、受けた人が喜ぶし、受けた人は快く、いろんなことをしてくれる。もしたまに悪いことをしても、「ダメじゃないの、あんたたちは」って怒って、「わかりました」と真剣に聞いてたら、怒ったことはもうそれで終わりなんだ。それでまた、どこか出かけて、のこのこと買って帰ってきたら、「これ、あげる。これ、あげる」という具合なんだね。

そうやって、自分が嬉しかったなと思ったことは、自分だけが体験するんじゃもったいないから、もし自分が人を使うときになったら、こういう光景を忘れちゃいけないなと思って、それを実行してるんだ。みんな、誰かに支えられてるから、自分のできる範囲で、相手の話を聞いてあげるとか、何かをしてあげるとか、相手を思いやっていれば、世の中はうまくいくんじゃないかな。

自分がしてもらって嬉しかったことは、周りの人にもしてあげよう

なんのためにこの世に生まれてきたのか考える

僕には、お師匠さんが四人もいるんだ。最初のお師匠さんは僕に、「仏様の姿はこういうもんだよ」と教えてくれた。二番目のお師匠さんは、大局的に物を見ていきなさいと言った。三番目のお師匠さんは、行のあり方、回峯行の姿を教えてくれて、四番目のお師匠さんは、僕に行を教えてくれた三番目のお師匠さんのお師匠さんなんだ。最後のお師匠さんからすれば、僕は孫弟子になるわけだ。

厚かましいようだけど、四人もお師匠さんがいるということは、大勢の素晴らしいお師匠さんに支えられ、守られてきたということでもあると思ってるんだ。

ある時、最初のお師匠さんが、僕に宿題を出してくれた。

紙の真ん中に「日」という文字を書き、その周りに、「東」「西」「南」「北」と書いてから、この問題の答えを次回までに考えておきなさいと言うんだよ。

この問題の答えは、本当は今でもよくわからないけど、「人間は、何をしにこの世に来たのか?」ということを問いかけているんじゃないかなと思うんだ。

なぜかというと、「南」という字は「な」と読める。「西」は「にし」。「北」は「きた」と読める。それらをつなぐと「なにしにきた?」と読める。

お日様は東の空から昇るよね。だから、お日様が昇る東の空から、「何しに来たのか?」ということを毎日問いかけられてるんじゃないのかな?

だから、人間はいつも、「なんのためにこの世の中に生まれてきたのか?」ということを考えてみないといけないんじゃないか、と思っているんだ。

この世に生まれてきた人間は全員、神様か仏様になんらかの役割を与えられて生まれてきて、生きている。この世で果たす「宿題」を与えられて、生まれてきたと言ってもいいかな。そうすると、生まれてきたこと自体に意味があるのだから、うにゃ、うにゃ、うにゃと、いい加減に生きるわけにはいかないよね。

働くにしても、みんな自分の生活のために働いているのかもしれないけど、大きな目で見れば、神様、仏様に生かされているわけだから、「なんのためにこの世の中に生まれてきたのか」と一生懸命に考えて、「どうしたら世の中の役に立てるのか」ということを考えていく必要があると思うよ。若い人には、特にそうしてほしいな。

目の前のことで、「どうしよう」「こうしよう」と悩んでいるだけじゃなくて、「これからの人生で、どうやって世の中に尽くしていくか」ということを考えてみるのも大事なんだよ。そうやって大局的な視点から物事を考えてみれば、小さな視点で物事を考えていたときとは、まったく違った考えが浮かんだり、大きな目で人生を見通すことができるからね。

大局的に物事を考えてみよう

年長者の経験と発想は生き方のヒントになる

若いうちは、悩むことがいっぱいあると思うから、そういうときは、近所のお年寄りのところに行って、いろんな話を聞いてみたらどうかな。昔の人たちは、けっこう近所の人に話を聞いてもらったり、相談したりして、支えられていたんだよ。

今仕事で悩んでいるのなら、「昔、どういう仕事をしていましたか」と聞いてみるんだ。そのとき一緒に、「今後の日本の展望はどうですか」と、難しいことを聞いてもいいよね。

そうすると、「俺はこういうことをしてきたけど、もうちょっと若かったら、こうしてみるのもいいかもな」とか、「今の世の中は便利だから、ワシはこういうふうに思う」なんて返してくれると思うよ。

人生の大先輩たちは、何かを実践して生きてきたわけだから、そういう人たちの生きた話を聞いてみるといい。これまでの人生で蓄積した経験や知恵を持っているから、どんな生き方をしたらいいか、年上の人に聞いてみるのが一番参考になるんだ。

話を聞いているうちに、そのお年寄りが、自分の体験談を誇大妄想的にしゃべっているのか、本当のことを言っているのか、だいたいわかるし、対話をしているうちに、お年寄りは、自分でも忘れていた大事なものを、ボローンと出してくれることがあるんだ。

仕事の話なら、「俺は、若いときにこんなことをやっていたけど、あんた、どうだい。こんなのに興味あるかい?」なんて話も出てくるしね。そのアドバイスをヒントにすれば、生き方が見えてくるかもしれない。

だから、話を聞いてみて、「これは本物だ」と思ったら、「こういう生き方もあるんだな」とか、「こういう世界があるんだな」と、自分のヒントにしたらどうかな。

若いうちは、まだあまり実践をしていないから、自分の頭だけで考えようとしても、頭デッカチになるだけなんだ。ただボーッとして生き方を探してもダメだよ。

若いときは自分たちだけの世界に閉じこもりがちだけど、それじゃ見えてこないものがたくさんあるから、やっぱり人生の先輩と対話してみることだよ。話の内容は、他愛のないことでもかまわないんだ。
五、六十年くらい前、僕が二十代のときに、近所にいた小説家の奥さんが、「あんた、あんた、いいこと教えてあげる」と言うんだ。「なに？」と聞いたら、「人生は二回結婚するといいんだよ」と言うわけ。
「どうしてですか？」と聞いたら、「若いうちは、私みたいな、年上のお母さんみたいな人と結婚すると、すごく可愛がられて、幸せになる。それで自分が歳をとったら、今度は、若いお嫁さんをもらうといい。そうすると一生懸命にいたわってくれる。こんなうまい話はないでしょう」って。聞いていて大笑いしたな。

けれど、今思うと、これは仕事や人生についてもあてはまるかな、と思えるんだ。若いときは、いろいろなことがまだわからないから、経験を積んだお年寄りに尋ねると、ヒントが見つかることがある。反対に、歳をとった人は、これまでに蓄積してきたことを、若い人たちのために、いろいろ生かして学ばせることができる。あのおばあさんが「二回結婚するといい」と言ったのは、そんな意味も含まれていると思うんだ。

だから、若い人は、お年寄りからいろんなものを引き出して、自分のものにしていけばいいんじゃないかな。迷ったり、悩んだりしたら、経験を積んだお年寄りの発想をうまいこと使えば、ヒントになるかもしれないよ。

お年寄りと積極的に話してみよう

心の病気になっても、最後は立ち向かっていこう

今は、ノイローゼとか、うつ病になる人も多いみたいだね。そういう人の相談も、いくつか受けたことがあるんだ。

僕の正直な感想としては、みんな薬に頼りすぎている面もあるんじゃないかと思うな。

お医者さんへ行って、薬をもらって飲んでも、心が全部治るわけじゃない。薬を飲むだけではなくて、本人が自分で立ち直ろうとしなかったら、問題は解決しないんだ。安定剤をもらって、少し心を落ち着けてみても、気持ちがあまり変わらないこともあるでしょう?

お医者さんに行っても治らなくて、「どこかに、いい薬ない？」なんて言って、インターネットで薬を探していると、麻薬のような薬にひっかかる人もいると聞いたよ。

病気を治すには、お医者さんや薬の力に全面的に頼るのではなくて、最終的には、酷なようだけど、自分の力で乗り越えていってほしいな。

もちろん、お医者さんに行って治ればそれに越したことはないんだけど、なんともならなかったら、やっぱり最後は、自分でやるしかしょうがないからね。

一滴の「雫《しずく》」の力がすごく大きいという話を聞いたことはあるかな。たった一滴の雫でも、何百年もかかれば、岩に穴が開いてしまうほど、すごい力を持っているんだ。

雫は、ひとつの大きな壁にぶつかって、跳ね返されても、またぶつかっていく。さらに跳ね返されても、またぶつかっていく……。そうやっていって、最後には岩さえも破っていくんだよ。

一滴の雫でも、時間をかければ、岩にだって穴を開けられるのだから、心の病気になって、今は一滴ずつの力しか出せなくても、「いつかは乗り越えられるんだ」という気持ちで、病気と向き合ってみたらどうかな。

お医者さんに行きながら、「自分でも一滴ずつ力を出して乗り越えていく」と考えたほうがいいと思うよ。

僕はノイローゼの人に、「なるべく大勢の人のところへ行って、仲間になって、しゃべってきなさい」とよく言うんだ。転地療法というのもあるから、温泉でも行って、大勢がじゃぶじゃぶ入っているときに、一緒になって自分も入らせてもらったらいい。みんなの買い物にもついていって、みんなと会話をしながら、楽しんできたほうがいいよ、と言っている。

苦しいとは思うけど、それでも仏様に生かされているんだから、何か意味のある人生を生きているんだ。

「生かされている」ことに感謝して、時には人に頼らずに、少しずつ自分の力でやってみたらどうかな。

時間をかければ、小さな力も
やがて大きな力に変わっていくよ

いい欲を持つことは大事

人間には「欲」があるよね。仏教では欲を抑えないといけないと思われているけど、「人に迷惑がかからないような欲」だったら、僕はいいと思うよ。

僕が修行をやるのだって、一種の「欲」だもんな。千日回峯行を二回やったのだって、一回目が終わったあとに、「まだやることがあるな。もう一回やったらなんとかなるんじゃないか」と思って、もう一回りしただけなんだ。

二回目が終わってからは、「今度は日本中を歩いてみようかいな」と思って、いろいろなところを歩いた。それもひとつの「欲」だと思うよ。

そのうちに、「回峯行のルーツはどこなんだろう?」と思って、中国に行ったんだ。それが終わったら、東南アジアを歩いてみて、そのあとは、イタリアのローマを歩いてみた。そうやって世界中を歩き回ったのも、「欲」があるからだと思うよ。

欲がなくなってしまうと、「何もしないで、じっとしていて、これでいいんだ」と思ってしまうかもしれないよね。欲があるから、前向きに物事を考えていくことができるという面もあると思うんだよ。だから、「いい欲」は残しておかなきゃならないだろうね。「欲」があるから、世の中も進歩するし、発展もする。

ただ、注意しなきゃいけないこともあるよね。あんまり欲張りすぎて、公私混同してしまうと、おかしなことになってしまうから、私的な欲ではなく、世の中のためになるような「公的な欲」を持つといいと思うな。

今、世の中では、若い人が意欲をなくしているなんて言われているよね。この前「草食系男子」という言葉をはじめて聞いてね、「この頃はダイエットブームだし、菜っぱばかり食べて、肉とか魚を食べなくなったのかなぁ」なんて思っていたんだけど、違うんだってね(笑)。「草食系男子」というのは、恋愛に関してあんまり欲がない人のことを言うんだってね。あまりに恵まれすぎていて、「いい欲」も減って、鈍感になってしまっているのかもしれないなあ。

けれど、「物事に前向きに取り組もうとする欲」とか、「学びたい欲」とか、「考える欲」とか、そういう「いい欲」は、いっぱい持っていたほうがいいと思うよ。『学問のすゝめ』じゃないけど、「一生懸命に学びたい」という欲は持っていてほしいな。自分のために学ぶのではなくて、「世のため、国のため、世界のために学ぶんだ」というようなものの考え方で、学んでいくことが大切だね。

「みんなが幸せになるために、学問をして、生かす」というつもりで、若い人たちにはいろいろ学んでいってほしいなあ。

人に迷惑をかけない、前向きな欲は大事に持ち続けたいね

装　　丁／川上成夫
カバー・扉写真／齋藤亮一
構成協力／㈱メディアライン・ディ　鷹梁恵一
特別協力／柏木慶子

〈著者略歴〉
酒井雄哉（さかい　ゆうさい）
天台宗の僧侶。1926年、大阪府生まれ。太平洋戦争時、予科練へ志願し特攻隊基地・鹿屋で終戦。戦後、職を転々とするがうまくいかず、比叡山へ上がり、40歳で得度。約7年かけて4万キロを歩く荒行「千日回峯行」を1980年、87年の2度満行した。天台宗北嶺大行満大阿闍梨、大僧正、比叡山飯室谷不動堂長寿院住職を務めた。2013年9月23日、87歳で逝去。

いつも初心

2017年9月29日　第1版第1刷発行

著　者　酒井雄哉
発行者　安藤　卓
発行所　株式会社ＰＨＰ研究所
京都本部　〒601-8411　京都市南区西九条北ノ内町11
文芸教養出版部
生活文化課　☎075-681-9149（編集）
東京本部　〒135-8137　江東区豊洲5-6-52
普及一部　☎03-3520-9630（販売）
PHP INTERFACE　http://www.php.co.jp/
制作協力
組　版　株式会社PHPエディターズ・グループ
印刷所　図書印刷株式会社
製本所　東京美術紙工協業組合

ISBN978-4-569-83856-4